Genshi BOOKS 言視BOOKS 言視舎

アマチュア落語に挑戦する本！

独学なのに3ヶ月で1席できます

室岡ヨシミコ

前口上

カラオケ3曲、そらで歌えるなら大丈夫、気軽に「アマチュア落語」に挑戦しましょう

「忘年会やお花見の余興で落語が1席できたらかっこいいなと思うけど……」

「着物を買ってはみたものの、着ていく場所が意外とない！　落語でもできたら素敵だなぁって思うけど」

「こっそり一人で練習できて、みんなの前で披露できる特技が欲しい！」

「演技に興味はあるけれど、一緒にやる仲間がいない。落語なら一人でできるよね」

　そんな気持ちで、落語を見るだけじゃなく、演じることに興味を持ちながらも、なかなか始められずにいる人は、世代問わず案外たくさんいるのではないでしょうか？

ユル〜く「アマチュア落語」でいいじゃない

　私も5年前まではそんなふうに落語に憧れを抱く人の一人でした。興味はあるけど、一人で15分以上喋り続ける噺を、覚える自信なんてないし、そもそも古典芸能を素人が簡単に真似して良いの？　伝統は？　しきたりは？

　そんなことを気にし続けていたある日、たまたま近所のカルチャー教室で見つけたアマチュア落語教室に勇気を出して飛び込んでみると、そこに漂っていたのは、プロの落語家さん達の伝統と格式を重んじる敷居の高い世界とは全く別の、ユル〜い空気。

　下は幼稚園児から上は80代のお爺ちゃんまで、みんなが好きな噺を自由に楽しく語る、とても気楽で愉快

な世界が広がっていたのです。

もともと目立ちたがりで人前で喋るのが大好きだった私は、すぐに演じるほうの落語に夢中になって、今では近所のお祭りや、飲み屋のイベント、結婚式の余興など様々な場所で下手なりに楽しくアマチュア落語ライフを満喫しています。

「こんなに気楽にできるなら、もっと早く始めれば良かった」という思いから、興味はあるけど始められない、という人に出会うと、**「プロを目指す訳ではない〝アマチュア落語〟の世界は、とても敷居が低くて、誰でもすぐに、一人で始めることができる気軽で楽しい世界なんですよ」**と伝えているのですが……、よくよく考えたら、「アマチュア落語教室」という場はまだまだ世間にそんなに沢山ありませんし、あったとしても、通える時間がない！　通って習うのはハードルが高い！　という人もたくさんいるというのが現実ですよね。

そんな方たちに、アマチュア落語の世界に**気楽に足を踏み入れてもらうきっかけ**を作ることができたら、という思いから生まれたのがこの本です。

3ヶ月で1席マスターできる「お気楽あまらく道」

この本は、プロが落語を基礎からみっちり落語を教える教則本ではありません。これはあくまで、趣味として気楽にアマチュア落語の世界に足を踏み入れてもらうための、一番敷居の低いアマチュア落語の入門書。

アマチュアならではのユル〜いやり方で、3ヶ月で1席、楽しくマスターできた2人のアマチュア落語家さんのユル〜い特訓の日々を紹介しつつ同じペースでお稽古すれば、**3ヶ月後には1席マスターできちゃう**という実践形式の、とっても気楽なお稽古本なのです。

「とっても気楽、なんて言うけど、1席約15分の噺を覚えて、身振り手振りの仕草を交えて人前でたった一人で喋るなんて、全然気楽じゃない！　しかもプロの落語家さんが教えてくれる訳じゃないんだよね？」

とお思いの方もいらっしゃるかもしれませんので、ここでいきなり質問です！

「歌詞を見なくても歌えるカラオケの持ち歌は何曲ありますか？」

いきなり落語じゃない話題で恐縮ですが、これが皆さんをユル～くアマチュア落語の道へと誘う「お気楽あまらく道」（と題してみました）の進め方。

ひとまず、何曲あるかを数えてみてください。

3曲以上、という方は絶対に落語1席、余裕で覚えられます！

歌詞をチラ見しながらなら3曲以上、という方も、少し頑張れば絶対何とかなります！

そのココロは……。

寄席やテレビで観ることができる、メジャーな落語の1話あたりの時間は、大体15分前後です。そして、カラオケで皆さんがよく歌う歌の1曲あたりの時間は、大体5分前後です。

1曲あたり約5分の歌を3曲分、リズムやメロディー、歌詞までも頭に入れて（場合によっては振り付けなんかもやりながら）再現できるアナタなら、15分の落語を1席覚えるくらい絶対にラクショーなはずなのです！

ほら、簡単でしょ

普段何気なく覚えて、歌っているカラオケの曲を、みんなの前で披露できるようになるまでの過程を思い出してみてください。

①ラジオやテレビで聴いて気に入った曲を何度も繰り返し聴いてみる。

②頭になんとなく歌詞の内容やメロディーが入ってくる。

③歌詞を見ながら何度も楽しく歌ってみる。

④いつの間にか歌えるようになる。

大体こんな感じですよね？

プロの歌手に習わなくても、いつの間にか覚えて人前で歌ってる歌、たくさんありますよね？

アマチュア落語もそれと全く同じくらいに、気軽に楽しく覚えることができるのです！

ということで、カラオケの練習になぞらえた、とっても気楽なアマチュア落語の入門方法、その名も「お気楽あまらく道」
難しいことは考えずに、アマチュア落語の世界に飛び込んじゃいましょう！

ついでに……
こんな出来事をきっかけに、こんな二人と落語のお稽古をすることになりました。の話

ある日、私が行きつけのカラオケスナックで焼酎なんかを飲んでいましたら、常連客のサラリーマン、**スギハラさん**（仮名）がほろ酔い加減でやってきました。席につくなり浮かない表情で、お店のチーママ、**チャコ姐**（年齢不詳たぶん30代）にグチをこぼし始めるスギハラさん。聞く気はないけど聞こえてくる会話を聞いてましたら……

「どうしよう、忘年会で落語を1席披露するって社長と約束しちゃってさ……」

どうやら落語好きな社長の機嫌を取ろうと得意の落語トークで盛り上がった末に、うっかり社長の前で披露すると約束しちゃった模様。

まだ3ヶ月もあるから近所のカルチャーセンターの落語教室に通えば大丈夫だろうと思っていたら、ちょうど良い時期に開講している講座がなくて、ようやく見つけた隣の県の教室も定員オーバーで……。

と、暗い表情で語るスギハラさんを放っておけなくなった私は、ついつい話しかけてしまいました。

「3ヶ月もあったら、独学でも何とかなりますよ。実は私もアマチュア落語やってますけど、お爺ちゃんも小学生もみんな3ヶ月で1席くらいはマスターしてますよ」

軽い気持ちでそう言うと、

「じゃあ、君が教えて！」

と藁をも掴むような顔で私を見つめるスギハラさん。

「いや、私もまだアマチュア歴5年の素人だから、指導なんてとてもとても……」

軽い気持ちで話しかけたことを後悔しているとチャコ姐がフォローに入ってくれました。

「スギハラさん、落語って伝統芸能だし素人が簡単にできる世界じゃないんじゃない？

無理なら無理って正直に社長に言ったら？」

ナイスフォロー！　と言いたいところだけど、それ

はちょっと違うんです、チャコ姐。

「私も教室に通うまでは落語って敷居高そう！　って思ってたけど、アマチュアの世界は全くそんなことないんです。好きな噺を好きなように覚えて、自由に発表できて！」

　と、つい勢いでアマチュア落語の敷居の低さを語ってしまうと……。

「やっぱりキミも最初は教室、通ったんだね……」

　とスギハラさんの表情が更に悲しそうに曇ってしまいました。

「確かに私は最初のきっかけとして教室に通ってみたけど、今は独学で好きな噺覚えて自由に楽しくやってますよ。３ヶ月もあれば独学でも絶対何とかなりますって！」

「本当？　でも1席15分もあるんだよ。僕みたいなオジサンの記憶力ではとても……」

　スギハラさんが放つ負のオーラにすっかり飲み込まれた私も、

「そういえば確かに、私も初めて1席覚えるまでは絶対無理だろうって思ってました。やっぱり初めてでいきなり独学は厳しいのかなぁ……」

　と弱気になっていると、チャコ姐が負のオーラをすっ飛ばすような明るい声で言いました。

「え？　たったの15分？　そんなのスギハラさんならラクショーじゃない！」

　チャコ姐、何を根拠に……。

「だって15分ってカラオケ3曲分よ？　スギハラさん1曲5分の歌、何曲歌える？」

　お気楽すぎるチャコ姐の言葉……でも確かにそう考えたら、難しくない気も……。と思い始めた私の隣で、〝自称カラオケ名人〟のカラオケ大好きスギハラさんの目に光が宿りました。

「ありがとう、チャコちゃん！　ボク頑張れそうな気がしてきた！　てなワケで、今日から3ヶ月、独学のやり方、ボクに教えて!!」

　と私の手を強く握るスギハラさん。

え、結局私が独学のやり方を教えるの？　ていうか、それって独学なの？？

「なんか楽しそう！　私も一緒にやってみようかな？

3ヶ月で2人ともマスターできるように教えてくれた

ら、飲み代サービスしちゃうから」

ノリノリで便乗してきたチャコ姐の甘い言葉に負けた私は、一つだけ念を押しました。

「私が教えられるのは、あくまでアマチュア落語の覚え方、楽しみ方ですからね！」

こんな流れでスタートしたのが「お気楽あまらく道」だったのです。

最初にタネ明かしをしてしまうと、最初はどうなることかと思えた全く初心者の2人でしたが、3ヶ月の期限の中で本当に楽しみながら1席マスターできちゃいました。

そんなワケで、スギハラさん、チャコ姐の特訓を見守った3ヶ月の様子を再現しつつ、**「お気楽あまらく道」開講です!!**

この本の使い方

第1章では、落語について0から知りたい！　という方向けに、落語に関する初歩の初歩的な情報と、プロの落語の世界とアマチュア落語の世界の違いをご紹介します。

そんなの知ってるから早速始めたい！　という方は、読み飛ばして第2章の実践編から読んでいただいても大丈夫。

第2章からは、どんなお稽古をしていけば、3ヶ月でマスターできるかを、1週間単位でご紹介していきます。

もし格好から入ったほうがやる気が出る！　という方は、第6章の、着物や道具を揃えるところから始めて、1章や2章に戻っていただいてもOKです。

毎月の課題をクリアしていけば、スギハラさん、チャコ姐と同じように、3ヶ月後には、ドキドキワクワクしながら、初めての1席を披露できるようになるはずです！

扇子と手ぬぐい、着物以外のお金はかけずに、教室にも通わずに、やりたいときに始められる、一番敷居の低い、アマチュア落語の入門講座――

「お気楽あまらく道」のはじまりはじまり！

目次

Ⅱ 実践編

Ⅰ 基本編

序章

落語の基本のあれこれ

ごくごく基礎の落語入門。「アマチュアの落語」とプロの違いも説明します。

1 そもそも落語って何?

この章では、落語について0から知りたい！ という方向けに、落語に関するごくごく基本の情報や、プロの落語の世界とアマチュア落語の世界の違いをご紹介します。

「お気楽あまらく道」に入門してくれた、落語は観るのも演るのもビギナーなチャヤコ姐が、ざっくばらんにグイグイ聞いてくれた質問に答えた時の様子をお伝えすれば、ざっくり落語に関する初歩の初歩な情報をご理解いただけるんじゃないかと思います。

「そもそも落語って何？」

突然ものすごいざっくり加減な質問が飛んできました。

ざっくり過ぎてどこから答えてよいものか、早速わからなくなったので、困ったときのWikipedia先生に尋ねてみると……

「落語《らくご》は、江戸時代の日本で成立し、現在まで伝承されている伝統的な話芸の一種である。最後に「落ち《サゲ》」がつくことをひとつの特徴としてきた経緯があり、「落としばなし」略して「はなし」ともいう。「はなし」は「話」または「噺」とも表記する。

都市に人口が集積することによって市民・大衆のための芸能として成立した。成立当時はさまざまな人が演じたが、現在はそれを職業とする落語家によって演じられることが多い。

能楽や歌舞伎など他の芸能と異なり、衣装や道具、音曲に頼ることは比較的少なく、ひとりで何役も演じ、語りのほかは身振り・手振りのみで物語を進め、また扇子や手拭を使ってあらゆるものを表現する独特の演芸であり、高度な技芸を要する伝統芸能である」

と、とっても親切な回答を頂けましたが、活字が苦手なチャコ姐が3行で脱落してしまったので、物凄く簡単に、概要をざっくりまとめてみました。

落語とは、能楽や歌舞伎と同じく昔から伝わる伝統芸能。

ではあるけれど、大きな違いはこの3つ。

1　一人でやる

2　小道具は扇子と手ぬぐいのみ

3　最後にサゲと呼ばれる落ちがついて終了する

なかなか簡潔に説明できたぞ、と思っていたらすかさずチャコ姐から質問が飛んできました。

「笑点って一人じゃなくて六人で喋ってるけど、あれは落語じゃないの？」

これも落語の話をすると結構よく聞かれる質問です。笑点と落語の関係性……。たしかに笑点に出ているカラフルな着物を着た人たちは、落語を生業としているプロの落語家さんたちです（ちなみに座布団運びの山田くんだけは落語家じゃなくてミュージシャンです）。

テレビで座布団を取り合うあのコーナーは落語ではなく「大喜利」というもので、落語家さんが落語のおまけでやっていた余興のコーナーが、テレビでヒットしたということなのです。なので、笑点でやっていること＝落語ではないのです。

「落語って、新作とか古典とか上方とか、種類が色々あるって聞いたけど？　何がちがうの？」

全く知らない、と言ってた割にちょっと詳しい質問が出てきましたね。

大きく分類すると、落語はその噺がいつ頃にできたかによって、

「新作落語」と「古典落語」に分類されます。

どの時代からの作品を「新作落語」と呼ぶのかの定義は諸説ある（大正時代からという説や、第二次大戦後という説など色々）のですが、ざっくり分類すると、江戸時代やもっと昔から語り継がれている、武士やお

殿様や江戸っ子のような、いわゆる時代劇に出てくるキャラクターが出てくる噺は大体「古典落語」です。

それとは別で、最近の落語家さんがオリジナルで考えた、イマドキな題材を扱った落語は「新作落語」と言われています。「新作落語」の世界では、合コンやOL、振り込め詐欺、山手線、ケータイ、などなど時代劇には決して出てこない身近な話題をネタにした噺もたくさんあるので、古典落語はとっかかりにくい、という方は、まず新作落語から入るのも良いかもしれません。

時代の区分のほかに、地域による区分もあります。それが「上方落語」と「江戸落語」。

大阪の落語は「上方落語」、東京の落語は「江戸落語」と区分され、同じ落語ではありますがちょっと別のスタイルで演じられます。

どちらも一人で座布団に座って扇子と手ぬぐいを使って演じる。というところまでは一緒なのですが、上方落語では、噺家さんの前に小さなテーブルのような台（見台といいます）が置かれていて、小拍子と言われる小さな拍子木で見台を叩いて場面転換を表現したりしています。

ちなみに、江戸落語の世界には、「真打」「二つ目」「前座」「前座見習い」という、とっても厳しい階級制度があるのですが、上方落語の世界にはその階級制度はありません。

（落語家の階級制度のお話は24ページに詳しく記載しています）

「前にテレビで古典落語です、って放送されてたのを見た時、しょっぱなから、お昼にラーメン食べたって話をしてたよ。江戸時代にラーメンはないよね？　これは古典落語なの？」

なかなか鋭い質問ですが、それは「まくら」というフリートークの話だと思われます。

落語には、メインになる噺《はなし》をする前に、ちょっとしたフリートークの時間があるのです。いきなり本題の落語を喋り始めるよりも、その落語家さんの日常生活の話で場の空気を温めたり、これから話す落語の基礎情報をお話ししたり、役割は色々あるのですが、まくらの部分は新作・古典に関係なく落語家さんそれぞれで自由に話ができる時間なのです。テレビだと控えめにお上品な話をする落語家さんも、ナマの落語を観に行くと、そこでしか聞けないようなテレビの裏話など面白い話をしてくれるので、機会があればナマで観るのもおすすめですよ。

「ナマで落語を観るにはどこに行けばいいの？」

ナマの落語は寄席《よせ》と呼ばれる落語専門の芝居小屋のほか、文化会館などのホールや、地域のお祭り、お蕎麦やさんや温泉旅館のお座敷などなど、色々な場所で観ることができます。

初心者に落語の楽しみ方を紹介する本やウェブサイトを観ると、「落語を知るにはまず寄席に行こう！」と書いてあることが多いのですが、ここはごく個人的な意見になりますが、ぶっちゃけ、初めて落語を観る方には、「ホール落語」と呼ばれる、街の文化会館など大きめの会場で行なわれる公演がオススメだと思います。

そのココロは……（と落語っぽい感じに引っ張りますが）

ホール落語のほうが、ぶっちゃけ「売れてる噺家さんの面白い噺を聴ける可能性が高いから」です。

寄席に出ている落語家さんを否定している訳では決して決してないのですが、寄席という場所は、入門したての新人さんから名人まで幅広いキャリアの人たちが1日の公演で約20人も出てくるので、中には……。

私はナマ落語鑑賞デビューに失敗して、「落語よくわかんない！」と遠ざかってしまったクチなので（詳しくは20ページのおまけコラムに詳しく書いておりますが）、ちょっと偏った意見かもしれませんが、せっかく初めてナマで落語を観るなら、面白いものを観て「落語ってすごい！　私もこんなふうに演じてみたい！」と思ったほうが楽しいですよね？

というわけで、ナマ落語デビューにオススメしたいのは、なるべくお客さんがたくさん入りそうなホールでの落語会。寄席デビューは、そこで落語のトリコになってからでも遅くないかと思います。

「噂の寄席《よせ》ってどんな場所？　そんなに敷居が高い場所なの？」

やっぱりそこに食いついちゃいましたね……。

いえいえ、敷居が高いということは決してないんです！　私も今ではとっても大好きな場所で、朝から晩まで寄席でビール飲んだりお弁当をつっついたりしながら落語を観るのは最高に贅沢で楽しい休日の過ごし方だと思ってるんです！

寄席入門

チャコ姐の好奇心に火がついたので、ここで少しページをさいて、ざっくりと寄席のお話をしちゃいます。

「寄席って何？」

↓毎日やってる落語専門の芝居小屋（場所によっては年末年始などお休みがある寄席もあるので事前に確認してから行くとよいでしょう）。

昼席というお昼から夕方までの公演と、夜席という夕方から夜までの公演に分かれており、昼から夜までいると、合計で約20人の落語家さんの落語を聴くことができます。10日ごとにプログラム（誰が出演するか）が変わります。

「寄席はどこにあるの？」

↓東京都内だと、新宿末廣亭、池袋演芸場、浅草演芸ホール、上野鈴本演芸場の４つです。その他、大阪には繁昌亭と動楽亭、横浜には横浜にぎわい座、名古屋には大須演芸場という寄席があります。

「チケットは簡単に取れるの？」

↓寄席はオール当日券、全席自由席が基本です（特別公演などの日は除く）。

建物の入り口付近にある木戸（チケット売り場）で木戸銭（入場料）を払えば、途中入場、途中退出もOK。昼席と夜席での入れ替えがないので、「今日はがっつり落語を観るぞ！」という日は、昼間から夜まで好きな席で一日中落語を楽しむことができるのです。

「一日中、落語しかやってないの？　さすがに飽きない？」

↓朝から晩まで落語だけを長時間観続けると、どれだけ落語が好きでもお腹いっぱいになってしまうので、途中途中で「色物さん」と呼ばれる落語以外の演芸も観ることができるプログラムになっています。

漫才やマジック、紙切りや、ウクレレ漫談など、普段テレビでは観ることができないような、強烈なキャラを持った色物芸人さんのステージも入るので飽きずに楽しむことができるのです。運がよければ、ナイツやU字工事のようなテレビでおなじみの芸人さんの漫才をすぐ近くで観ることもできるかもしれません。

「長時間いるとお腹へりそうだけど、食べたり飲んだりしてもいいの？」

↓どの寄席も飲食ＯＫ。お弁当やお菓子を広げながらノンビリ落語を観れるのは、ホール落語にはない寄席の楽しみの一つです。どの寄席もお茶やお菓子の売店があるので、そこで買ってもよいですし、デパ地下などでちょっとイイお弁当を買って持ち込むのも楽しいです。

ちなみに、お酒はＯＫな寄席とＮＧな寄席があるので要注意。都内だと、末廣亭と池袋演芸場は飲酒ＮＧ。浅草演芸ホールと鈴本演芸場は飲酒ＯＫで売店でビールの販売もしています。

「チケットはおいくら？」

↓それぞれの寄席で木戸銭（入場料）は異なりますが、大人の場合、大体３０００円前後というのが相場です。その他、学生割引や団体割引、ＨＰを観たよ割引など、お安く見ることができる方法もあるので、詳しくは寄席のＨＰを事前チェックしてみるとよいでしょう。

「笑点メンバーとか、有名な落語家さんを観るには？」

↓寄席のプログラムは、10日サイクルで更新されます。どの寄席に何時ころ誰が出るかの情報は、寄席でもらうチラシや各寄席のホームページで事前に確認することができます。ただし……、売れっ子の落語家さんの場合、10日間毎日、寄席に出演することがスケジュール的に難しいこともあります。そんな時は、「代演」といって別の落語家さんが出演することもあるので要注意。どうしてもこの人の落語が観たい！

という場合には、事前に電話で問い合わせるのが確実です。

「1日に20人も落語家さんが出てきたら、ネタが被ったりはしないの？」

→寄席の楽屋には、「根田帳《ねたちょう》」という、誰が何のネタをやったかを書き記す帳面があります。落語家さんは楽屋入りすると、最初にこの根田帳をチェックして、前にやった人とは違うネタを披露するというのがルールになっています。

遅い時間になるほど、演れないネタが増えるので、落語の本題に入る前のまくらと呼ばれるフリートークの時間に、「今日やろうと思ったネタを先にやられちゃったので、何をやろうか考えてます……」なんて話題が出ることも。

プロの落語家さんは、いつでもすぐに演れる持ちネタをたくさん持ってその場の状況に合わせてその日のネタを決めているのです。

寄席は初心者には少しハードル高いかも、というのが私の持論ではありますが、ある程度、落語に慣れてから行ってみると、チケット代３０００円で、一日中いることができて、20席も落語が聞ける、とっても楽しい場所なんですよ!!

おまけコラム 知ったかぶって色々間違えた！ 残念な寄席デビューの思い出

今から遡ること10数年前、私が生まれて初めてナマで落語を観たのは、都内の落語の聖地、新宿末廣亭でした。

当時の私は、落語をマトモに聞いたことがなく、落語って「笑点」みたいなモンなんでしょ？　というくらいに全く何も知らない状態だったのですが、「落語を観るなら、やっぱり寄席だよね」とツウぶって、ネットで開演時間や入場料をチェックして、「どうせ同じ入場料を払うなら、最初から最後までびっしり聞いたほうがお得よね」と張り切って、開演時間の12時に間に合うように、会場へと向かいました。

新宿の繁華街に強烈な違和感を放出させながら建っ

ている、昔からずーっと気になっていた秘境、新宿末廣亭。不安と期待を抱えて、ついに潜入！　中に入って最初に発した言葉は、

「え⁉　今って、平成だよね？」

外観の異空間さの更に上を行くレトロ過ぎる室内。開演と同時に入ったので、ガラガラに空いている座席の中で、何も知らない私は「桟敷席」と呼ばれる、客席の両サイドにある、靴を脱いで畳の上に座る席をチョイス。そこから壮絶な戦いの時間が待ち受けていたのでした……。

最初のうちは、初めて聴く落語の世界に「フムフム、これが落語であるか」なんて言いながら、社会見学のような気持ちで観ていたのですが……。

寄席というのは、入門したての若手の噺家さんから順に登場して、最後の最後に名人と呼ばれるような、キャリアのある落語家さんが出て来るので、早い時間から入ると、よく言えば初々しい、よく言わなければ……（は自粛しますが）。

しかし、当時の私に、「上手な人は最後に出てくるようなプログラムなんだよ」と教えてくれる人は誰もおらず。更に、私が座った桟敷席という席は、ぱっと見は畳の上に腰掛けてノンビリ落語を観られる素敵な席に見えるのですが、土日など混雑する日になると、お客さんが増えてくるたびに「お膝送りお願いします」という、全く聞いたことのない日本語で、ちょっとずつ詰めて座ってください、という趣旨の声がかかり（周囲のリアクションとその場の空気でなんとなく察して詰めてみました）、どんどんスペースは狭くなり、最終的に、70センチ四方くらいのスペースにちょこなんと体育座りをしながら耐え続けること数時間。体もしんどい上に、落語の楽しみ方もぶっちゃけよくわからない！

ついに根負けした私は、その日のプログラムの中で唯一名前を知っていた笑点メンバー、三遊亭小遊三師匠の落語を観る前にギブアップ。

「落語は私には合わないみたい」

と勝手に結論づけて、３０００円も出したのに、何だか損した気分……とモヤモヤしながら新宿三丁目の飲み屋街へと消えていったのでした。

それから数年の間、私の頭の中には「落語＝どうも私には合わなかったやつ」という印象が消えず、とっても残念なナマ落語デビューとなったのでした。

そこから数年して、友達に誘われてでかけたホール落語の会で、「うそ！　落語ってこんなに楽しかったんだ！　畳に体育座りしなくても観れるんだ！」と感激して、落語の良さにようやく気付いて現在にいたった訳なのですが、あの日の残念な寄席デビューがなかったら、もう少し早くから落語の魅力に気づいていたのかな、と、今でも少しせつない気持ちになってしまいます。

私と同じ失敗をしないでほしい！　という気持ちでこの話を書いてはみたのですが、「ナマ落語デビューはやっぱり寄席にしたい！」方も、いるかもしれませんので、寄席でナマ落語デビューをする際のおすすめの鑑賞方法を書いておきます。

・**時間帯**：一番最初の時間からぶっ通しで観るのはオススメしません。寄席の公演は昼席が大体12～17時くらい、夜席が17～21時くらい、という2つのプログラムに別れていて、それぞれの時間帯の一番最後のほうに行くにつれて、キャリアの長い落語家さんがでて来るので、各プログラムの最後の2時間くらいを集中して見に行くことをオススメします。

・**座席**：できればイス席がオススメです。ちなみに池袋演芸場以外の寄席は、客席がほぼフラットなので、前に座高の高い人が座ってしまうと、前の人の頭しか見えない、という事態が起きたりします。週末やお正月など混雑しそうな日に観に行く場合は、なるべく前方のイス席をとるのがオススメです。

2 プロの落語家とアマチュア落語家、どう違うの？

さてここまでで、ざっくりと落語の世界の基礎の基礎なお話をしてきました。

危うく忘れそうな勢いで、プロの落語の世界の魅力ばかりを語っておりましたが、この本はアマチュア落語の入門書。

プロとアマの世界の違いを紹介しつつ、プロの落語家になるのには、いかに厳しい道が待ち受けているかのお話と、アマチュア落語の世界は、いかにユルくて自由な世界かをお伝えすることで、アマチュア落語頑張るぞ！　モードに突入するための心の準備をしていただければと思います。

と、このあたりで、危うく存在を忘れかけていた、もう一人のアマチュア落語仲間、落語大好きサラリーマンのスギハラさんに登場してもらいつつ、落語の世界のプロとアマの違いを、これまたざっくりとご紹介していきます。

「そもそも落語の世界のプロとアマって何？　プロになるには試験とか資格とか特別なものが必要なの？」

せっかくスギハラさんとお話ししようと思っていたのに、またもや出たがりチャコ姐の質問攻撃がはじまりました。

この答えは、ちょっと落語に詳しいスギハラさんに聞いてみましょう。

落語の世界のプロアマの違いって、ズバリ何ですかね？　スギハラさん。

「そうだなぁ、落語の世界のプロとアマの違いは、野球でいうところの、プロ野球選手と草野球選手みたいなもので、プロレスで言うところの、プロレスラーとアマチュアレスラーみたいなもので、ゴルフで言うところの、プロゴルファーと趣味でゴルフやってる人みたいなもので、マラソンで言うところの、実業団ランナーと市民ランナーみたいなもので……」

放っておくと、このまま無限ループになりそうなので、ここらで止めてみましたが、要するに、落語でお金をもらって、「落語家」を生業としてやっている方たちが、プロの落語家さん。趣味で落語をやってるのが、アマチュア落語家さん。ざっくり言うとそんな感じです。

「それじゃあ余りにも説明が雑すぎる！」

スギハラさんからクレームが入りましたのでもう少し丁寧にご紹介したいと思います。

落語の世界での、プロとアマの決定的な違い、それは

「弟子入り」

プロの落語家さんになるためには、資格や試験はありません。

（※立川談志さんが立ち上げた立川流だけは明確な試験があるのですが）

でも、とてもとても大変な〝弟子入りして修業〟という過程が必要となるのです。

落語界にはこのような明確なヒエラルキーが存在します。

この4つの階級を、とある落語家さんが落語のまくらの中で、

「真打→神様、二つ目→人間、前座→虫けら、前座見習い→虫けら以下」

と一言で説明して、笑いをとっていたのですが、この例え、ものすごくリアルでわかりやすいな、と感心してしまいました。

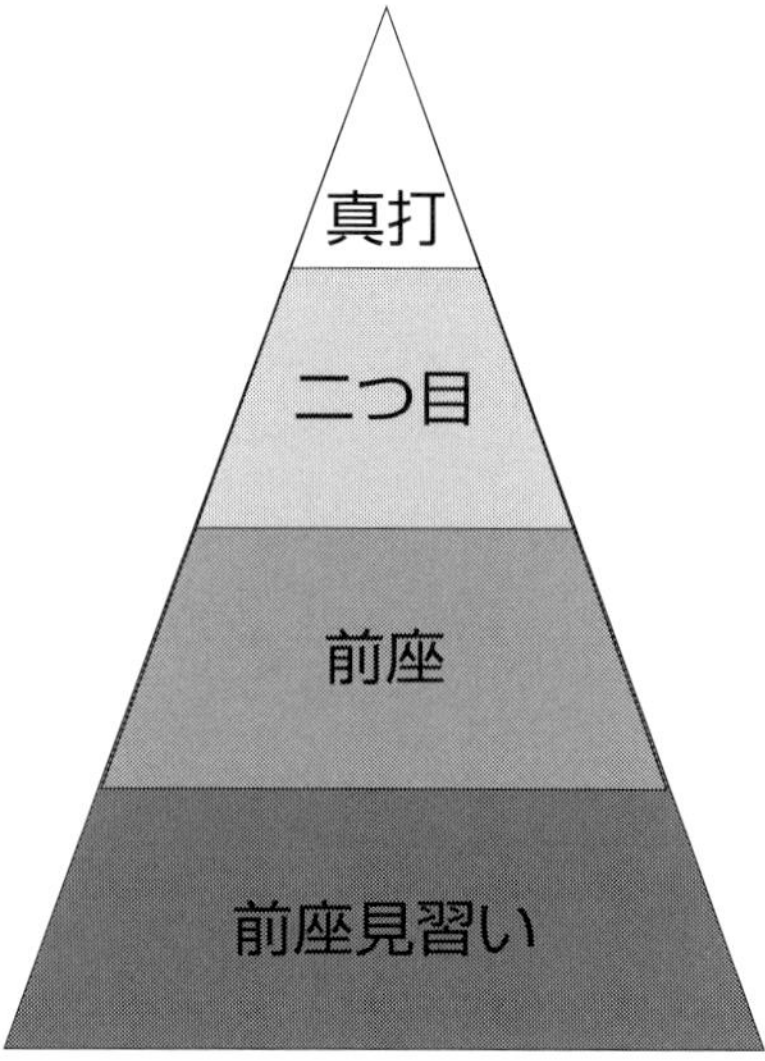

プロの落語家になりたいと思ったら、ピラミッドの一番下の階級「前座見習い」になるところからスタートします。

図のピラミッドの頂点である、「真打」という階級の落語家さんの中から、「この人の弟子になりたい！」という師匠を一人選んで、その人の弟子にしてもらわなくてはなりません。

一度弟子になったら、一生その師匠の弟子として落語家生活を行なうことになるので、どの落語家さんの弟子になるかは、どんな会社に就職するか、どんな相手と結婚するか、と同じくらいに、いや、もしかしたらそれより大変な、人生の選択になるのです。

惚れ込んだ師匠を見つけて、弟子入り。というプロへのスタートラインに立った暁には……。

それぞれの階級での役割や、許されること、禁止されていることなどを順番にご紹介していきます。

「真打」への道

《前座見習い》

弟子入りしたい！　と思える真打の落語家さんを見つけたら、まずは「弟子にしてください！」と猛アタックを開始します。

寄席や落語会の楽屋口で待ち伏せしたり、知り合い経由で紹介してもらったり、家に突撃したり、やり方は様々ですが、とにかく師匠に交渉して何とか弟子にしてもらいます。中には弟子を取らない主義の落語家さんもいるので、とにかく熱意をぶつけて交渉するそうです。

そうして師匠から入門を許されると、ようやく「前座見習い」という身分になります。この時点ではまだ、落語家としての芸名ももらえません。正式な弟子になるために、先輩弟子たちの仕事を見て学びながら、前座になることを目指します。

前座見習いの主な仕事は、師匠や兄弟子について仕事先へのかばん持ちをしたり、師匠の家の雑用（家事や掃除などなど）、そして前座として寄席や落語会の仕事を行なうために、落語の稽古をしたり、着物の着方やたたみ方を覚えたり、太鼓や笛などの鳴り物を稽古したり、とにかく朝から晩まで大忙し。

この見習いという期間を経て、ようやく「前座」として寄席や落語会で落語を喋ったり、楽屋の雑務を担当できるのです。

前座見習いの期間は、師匠によって異なります。長い方だと1年以上の場合もありますし、入門して数ヶ月で前座になる人もいるそうです。

《前座》

見習い期間が終わると、「前座」という身分になり正式に落語家としての第一歩を踏み出します。

前座になるとまず、前座名と言われる、落語家としての芸名を師匠からもらいます。師匠の名前から1文字もらったり、出身地や本名から取ったり、その時のノリだったりで、師匠が自由に決めてしまいます。

余談ですが、この前座名、師匠がシャレでつけたりするため、結構びっくりするような名前の方がいたりします。例えば、柳家おじさん、三遊亭ありがとう、三遊亭ございます、三遊亭しあわせ、などなど。

前座名は、二つ目、真打など階級が上がる際に改名することもできるので、最初の名前はまずみんなに覚えてもらえるように、という師匠からのシャレのきいた愛情だったりもするようです。

前座の間は修業期間。毎日師匠の家に出かけて家事や雑用を行ない、寄席に出かけて楽屋の雑用などを行ない、朝から晩まで働きながらもお給料はごくごく僅か。苦しい生活が続きます。

ちなみに、お酒やタバコも禁止。口答えも禁止。楽屋では「はい」以外の返答はできないという、厳しい世界なのだそうです。

《二つ目》

3~5年ほどの前座期間を終えると、晴れて「二つ目」という階級に上がります。

二つ目になると、前座の頃に禁じられていた様々なことができるようになり、ようやく一人前の落語家としての仕事ができるようになるため、二つ目昇進はとても嬉しいことだと、様々な落語家さんが言っています。

【二つ目になるとできること】

・飲酒
・喫煙
・テレビやラジオへの出演
・自分の落語界を開催
・羽織を着る
・袴をはく

などなど。

嬉しい反面、ここからは一人前のプロの落語家としての活動が始まります。前座の頃のように、寄席で前座仕事をすることで僅かにもらえていた収入もなくなりますし、楽屋でもらえていた師匠方からのお小遣いも貰えなくなります。要するに、売れないと誰も食べさせてくれない実力主義の世界に足を踏み入れるのです。

そんな中で、ひたすら突き進むこと約10年。ようやく落語界の頂点、真打へと進むのです。

《真打》

プロの落語家さんの世界で、一番上のヒエラルキーにいるのがこの方達。一般的に〝師匠〟と呼ばれているのが「真打」です。

笑点のメンバーなど、テレビにも出演している、名前をきけばなんとなく知っているような方たちは大体このポジションです。

真打になるとできる一番大きなことが、寄席でトリをとる（一番最後に出演する）こと。

「真打」という言葉の語源は、その日の興行の一番最後に出演して、会場のロウソクの芯を打って明かりを消す役割、というところから来ています。

その日の興行の責任者になることができるのが真打です。

それからもう一つ、真打になると弟子が取れるようになります。師匠に育てられたのと同じように、弟子を育てることも大きな恩返しになるのです。

落語家になろう！　と入門してから、真打になるまでの修業期間は、大体10～15年。プロの落語家さんって、こんなに大変なことをやってるんですね。落語家になるって大変です。

なんて話をしていましたら、落語大好きサラリーマンのスギハラさんの表情がなんだか急に暗くなっていました。

「落語家さん達がこんなに苦労して人前で演じている落語を、ボクらみたいな素人が演じるなんてやっぱり失礼になるんじゃないかなぁ……」

確かに、一生懸命頑張って修業をしてきた方と同じように評価されようだとか、お金をもらおうだとか考えるのは、失礼にあたるかもしれません。

でも、スギハラさん、いつも歌手でもないのに、カラオケに行ったら、下手なりに好きな曲歌って楽しんでますよね？

「僕は別にカラオケ、下手じゃないよ！」

あ、そうでしたか。大変失礼しました。

「ただ、お金を取って職業にできるほどではないと思ってるよ。カラオケは、趣味で好きな曲を楽しく歌えればいいんだし……」

そう、それなんですよ！　落語も一緒なのですよ！

プロの歌手のように上手に完璧に歌って、それで食べていこうと思ってる人しか人前で歌っちゃいけない、なんてルールがないのと同じように、**落語だって、「アマチュアですから！」って開き直って好きな噺を、楽しく覚えて演ってもいいです！**

と、ここまで励ましたところで、ようやくスギハラさんの緊張も解けてきました。

そうそう、いつもの調子で、あんまり上手じゃないカラオケをノリノリで歌うみたいに、気楽な気持ちでやってみましょう！

「だから僕は下手じゃないんだって！　だって町内のカラオケ大会ではいつもトリだし、地元ののど自慢大会で8位になったことがあるんだから！」

8位が凄いかどうかはわかりませんけど……と雑談モードになってきたところで、出たがりチャコ姐が

「でも、落語をちゃんと覚えたら、どこで披露すればいいんだろう。アマチュア落語の人たちってどんな場所で発表しているの？」

3　アマチュア落語家の活動の場所

ということで、ここまでプロの世界の落語家さんの話をたくさんしてきましたが、アマチュア落語家の場合の活躍の場について、ご紹介してみます。

プロもアマチュアも、座布団が敷けて見てくれるお客さんがいれば、どこでも落語はできちゃう訳なのですが、1つだけ、アマチュア落語家が上がれない舞台があります。

それは寄席。前のブロックでもご紹介しましたが、寄席とは落語専門の芝居小屋。プロの落語家さんしか

上がれない神聖な場所なのです。

どうしても寄席に上がりたい！　という方はプロになるしかない訳ですが、それ以外にも落語を発表できる場所はたくさんあるので、安心してください！

公民館や、お蕎麦やさんの座敷、老人ホーム、町内のお祭りなど、アマチュア落語家が活躍している場は身近な場所にもたくさんあるのです。

予算の都合でプロは呼べないけど、なんとかイベントを盛り上げたい、というイベント主催者さんも案外たくさんいるので、人前で演じることにある程度自信がついてきたら、「落語できます！　やらせてください」と営業をしてみると案外すんなり参加させてもらえたりもするものです。

そのほかにも、近所に**アマチュア落語のサークル**などがあれば、そこに入って、サークル仲間と発表会を開くこともできますし、一匹狼で活躍したい人は、ホームパーティや会社の飲み会、友達の結婚式の二次会など、ちょっと余興で盛り上げたい場所で、披露することもできちゃいます。

毎度の比較になりますが、要するに、カラオケを披露して喜ばれるような場所なら大抵、落語もスンナリ受け入れてくれるのです。

「まだ1席も覚えてないのに、ちょっと気恥ずかしいんだけど、アマチュア落語の大会があるって聞いたことがあるんだ。もし1席覚えることができたら、そういうのも出られるようになるのかな？」

スギハラさん、ちょっと控えめに言ってるように見せかけて、やる気満々ですね。

「いや、カラオケも大会に向けて猛特訓するとグンと上手になったり仲間が増えたりして楽しかったから、ちょっと気になって……」

ありますよ！　アマチュア落語の世界にも、そういう楽しい大会が！

アマチュア落語のコンクール

アマチュア落語の世界にも、順位を競い合うコンクールが存在します。

日本全国のアマチュア落語家さんと出会えたり、素晴らしい審査員の方から講評がもらえたり、優勝者にはなんと賞金が出たり、とっても豪華なイベントがいくつか存在しますので、ここでは、大きな規模の大会を2つ紹介いたします。

■社会人落語日本一決定戦

開催時期：毎年9～10月頃
開催場所：大阪府池田市
参加資格：学生をのぞいた社会人であること。（主婦、フリーター、定年退職者等も含まれます）
賞金：50万円
選考過程：映像か音源を送って事前審査後、通過者は大阪府池田市で開催される本戦に出場。

アマチュア落語の世界で一番メジャーなタイトルがこちらです。日本一決定戦というだけあって、上位の方々のレベルはプロ顔負け！　会社員や主婦やＯＬなど普段は別の顔を持つアマチュア落語家たちが頂点を目指してガチンコ勝負を繰り広げています。

大会のホームページで入賞者の落語の動画が観られるので、気になる方は要チェック。

最終審査まで残ると、超豪華な審査員からコメントもいただけるとても人気の大会です。

ちなみに２０１５年の審査委員長は桂文枝さん！

■ちりとてちん杯　全国女性落語大会

開催時期：毎年9月頃
開催場所：福井県小浜市
参加資格：日本語が話せる女性であれば、年齢、国籍、経歴不問。
賞金：10万円
選考過程：先着順でエントリー可。小浜市の温泉旅館で予選会、決勝大会が行なわれます。

女性限定の大会ですが、事前審査なしでいきなり出場できちゃうありがたい大会です。

アットホームな雰囲気で、大会後の交流会もとっても盛り上がって、落語仲間もたくさん増える楽しい大会との評判なので、女性の方は注目ですね。

と、メジャーな大会を紹介したところで、隣を見てみると……、

スギハラさん、大丈夫ですか？　鼻息荒いですよ。
「だって、50万だよ！　弟子入りもしていないアマチュアのボクの落語が50万！」
スギハラさんはすっかり勝つ気満々ですが、この、社会人落語日本一決定戦、３００人ものアマチュア落語家が火花を散らす、なかなかにレベルの高い大会なんですよ。でも、もしかしたら日本一になって、賞金50万！　目標の一つとして頭の片隅に入れておくのは励みになっていいかもしれませんね。
さぁ、やる気満々になったところで、**いよいよアマチュア落語の世界、実践編に突入です！**

おまけコラム

ぶっちゃけ個人的にオススメの、初心者にやさしいナマ落語

落語初心者の知り合いに落語の楽しさを知ってもらうために、**ナマで観てもらいたい落語家さん**ってぶっちゃけ誰？　と聞かれましたら、

- **柳家喬太郎さん**
- **立川志の輔さん**
- **立川談春さん**
- **春風亭昇太さん**

あたりかなぁ。と個人的には思っています。この方たちは、とにかく初心者でも１００パーセント「落語ってすげえ！」と思えるような噺をいつもいつも披露してくださいます。

しかしながら、大変残念なことに、皆さんとっても売れっ子さんなので、この方たちが出演する落語会はそう簡単にチケットが取れません！　しかも、とても立派なホールで開催されることが多いので、チケット代金も結構安くありません。

そんなわけで、もっと気楽に、思い立った時に連れて行ける落語会はないかな？　と考えて思いつくのは、

- **新宿末廣亭の「深夜寄席」**
- **渋谷の映画館でやってる、「渋谷らくご」**

の２つじゃないかと思います。

「深夜寄席」は、私が生落語観覧デビューでしくじった、あの新宿末廣亭で行なわれる公演なのですが……。

毎週土曜日の夜21時半～23時までの２時間弱、二つ目と呼ばれる、中堅クラスの若い落語家さん４人が20分くらいの噺を行なう興行で、なんと入場料は５００円！

新宿三丁目という飲み屋だらけの繁華街の中で、土曜日夜の公演なので、「落語って何？」「５００円なら入ってみる？」という軽いノリでふらりと訪れる若いお客さんも多いので、出演する落語家さんたちも新規ファン獲得を狙って、初心者でもわかる噺を披露してくれます。

新宿あたりで飲んだ後、アイスクリームやジュースを買い込んで（末廣亭は残念ながらアルコールの持ち

込みは禁止です）観に行けば、趣向を変えたちょっとオシャレな二次会、というテイにもできるので、もし、連れて行った相手が落語をあまりお気に召されなくても、入場料５００円で、末廣亭というちょっと不思議な場所で食後のティータイムと言っちゃえば、大抵満足してくれます。

落語好きの殿方で、落語を知らない彼女を洗脳したい、なんて気持ちの方がいましたら、ちょい外しデートとしてもとってもオシャレなプランだと思うので、

新宿末廣亭

試してみてはいかがでしょう？ ただ、冬場のデートの場合は要注意。桟敷席（畳の小上がり席）しか空いていない場合、１日遊び回ったあとのブーツを脱がなくてはならず、女性に相当な屈辱体験をさせてしまう可能性も否めません。その辺だけ配慮できるなら、じゃんじゃん活用していただきたいです。

そしてもう一つ、個人的に一番おすすめしたいのが、渋谷の映画館を改装したライブホールで毎月第二金曜から5日間開催している「**渋谷らくご**」。

「初心者がひとりで安心して来られる落語会」

というズバリなコンセプトで開催される落語会なので、噺家さんのチョイスも会の雰囲気も落語初心者にとっても優しくて、いつ行ってもハズレなしで、本当に毎回面白い！ 落語を観るのは初心者でも、漫才やコントでお笑いに親しんでいる人なら絶対に楽しめる、イマドキな新作落語から、初心者にもわかりやすいけど落語の魅力を存分に詰め込んだ名人の古典落語まで、手広く楽しいプログラムになっていて、入場料は４人分たっぷり聴ける約2時間の公演が２５００円、２人

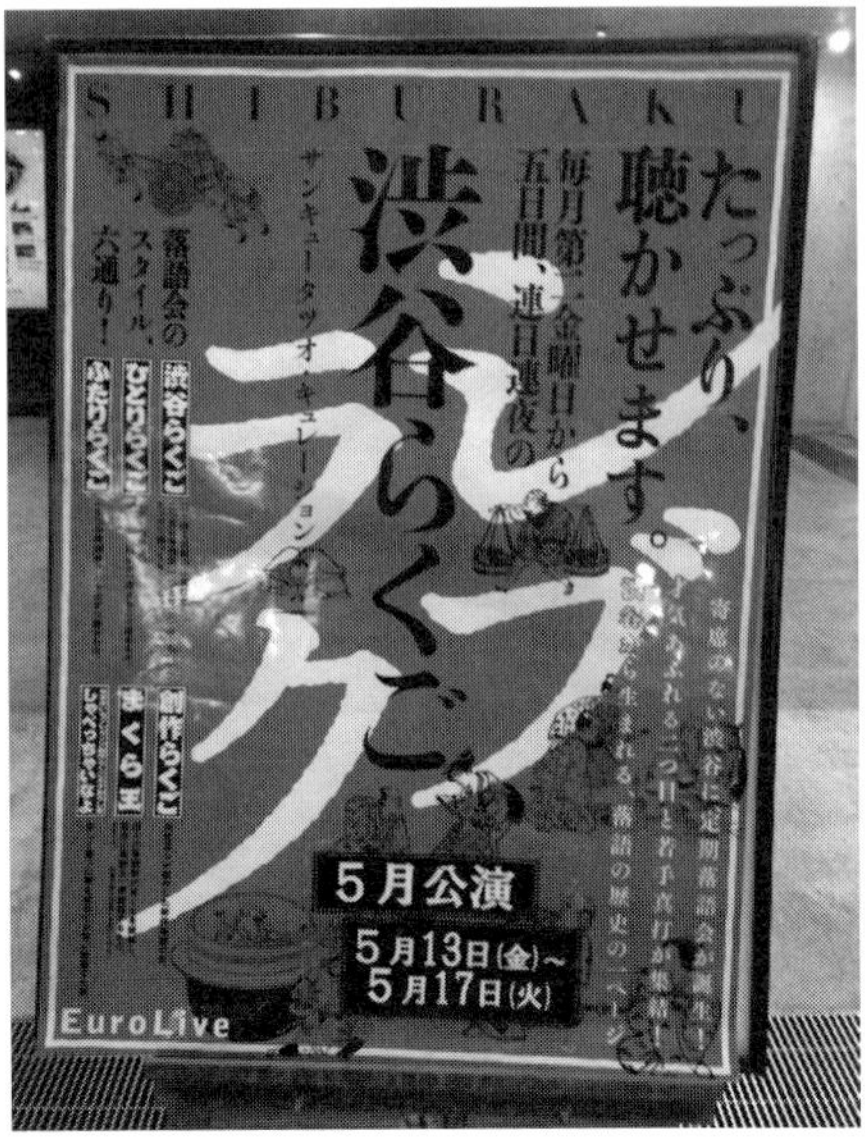

「渋谷らくご」のポスター

分聴ける約1時間の公演が1200円と通常のお笑いライブよりちょっと安めの価格設定！

お前「渋谷らくご」の回し者なのか!?　と突っ込まれそうな勢いで恐縮ですが、個人的には、いま一番初心者にやさしくて面白い落語会はココではないかと思ってます。

Ⅱ 実践編

1ヶ月目の1週目	その① 師匠を見つけよう
1ヶ月目の1週目	その② 台本を起こしてみよう
1ヶ月目の2週目	音源に合わせて台本を見ながら喋ってみよう
1ヶ月目の3週目	落語の笑いの生命線、「間」をお稽古してみよう
1ヶ月目の4週目	音源と一緒に喋ってみよう
1ヶ月目の4週目の最終日	もう一度、台本を見ながら唱えてみよう
2ヶ月目の1週目	上下を切れるようになろう
2ヶ月目の2週目	仕草を入れてみよう
2ヶ月目の3、4週目	自分を、客観的に見てみよう
3ヶ月目の1、2週目	台本と音源を手放して暗記しよう
3ヶ月目の3週目	台本なしで仕草や上下もつけて繰り返し演じてみよう
3ヶ月目の4週目	着物を着て、まくらも込みで喋ることに慣れておこう

第1章　実践編

まずは目標を立てよう

　というわけで、早速実践編のスタートです！

　すっかりやる気になったスギハラさんとチャコ姐に、最初にやってもらったのは、「**目標を立てて、３ヶ月後の落語デビューの内容を決めちゃうこと**」でした。

　今日の時点ではやるぞ！　と思っても、来週、来月、2ヶ月後、この気持ちとテンションを維持するのは案外難しいかもしれません。

　というわけで、まずは、次のページの表の項目を埋めて、明確なゴールを作ってしまいましょう！

　と言って、チラシの裏に項目を書いて、スギハラさんとチャコ姐に渡してみると、早速難色を示したのがスギハラさん。

「ボクの場合は、忘年会っていう逃げられないゴールがあるから仕方ないけど、『お気楽あまらく道』なんだし、発表の場とかは、３ヶ月後にちゃんと覚えることができたら、それから考えればいいんじゃない？」

　ものすごく正論っぽく聞こえますが、その方法でやると、３ヶ月後に、「3ヶ月じゃ無理かも……あと1ヶ月……あと半年……また来年……そのうち……」と先延ばししてる予感、ムンムン香ってきませんか？

　テスト勉強も仕事の納期も、明確な期日が決まっているから、そこに間に合うように何とか頑張れちゃうようなところ、ありますよね？

　なので、**一番やる気の高まってる今日のうちに、目標をしっかり決めちゃいましょう！**

　無事3ヶ月でマスターしたスギハラさんも、チャコ姐も「あの時ちゃんと目標を決めたお陰で、何とか間に合わせることができたよ」と言ってましたから。まずは、気楽な気持ちでシートの項目を埋めてみましょう。

目標シート

①高座名
私こと《　　　　　　　　》は

②○月○日　に、みてもらう相手
《　　　　　　　　　　　　》の前で、

③演目
《　　　　　　》という落語を１席披露いたします！

1 亭号と高座名を考えよう！

プロでもアマチュアでも、落語をやる人達はみんな、「高座名《こうざめい》」という、落語をやる時専用の芸名を持っています。

せっかく落語を始めるのですから、まずは形から。カッコイイ高座名を、つけちゃいましょう！

亭号と高座名って何？

落語家さんの芸名は、苗字にあたる「亭号《ていごう》」と、名前にあたる「高座名《こうざめい》」からなっています。

三遊亭小遊三さんであれば、「三遊亭」が亭号で、「小遊三」が高座名。林家喜久扇さんであれば、「林家」が亭号で「喜久扇」が高座名です。

プロの落語家さんの世界では、一門（師匠と弟子たちの集合体）で同じ亭号を使うのがルールとなっていますが、アマチュアの世界では個人個人で好きな名前を名乗って大丈夫。

　というわけで、スギハラさんとチャコ姐にも、まずは亭号から考えてもらうことにしました。突然、亭号と言われても馴染みのない方にはピンとこないかもしれないので、プロの落語家さんの亭号をヒントにしてみましょう。

《落語家の主な亭号》
・〇〇亭→三遊亭、春風亭、古今亭、入船亭ｅｔｃ．
・〇〇家→柳家、林家、橘家ｅｔｃ．
・その他→桂、立川、雷門ｅｔｃ．

　〇〇亭、〇〇家、という亭号が大半を占めていますので、この〇〇の部分に好きな言葉を入れれば、すぐに落語家っぽい亭号は完成です！

　とは言ってみたものの、

「落語っぽい名前、そのままボクの苗字に亭とか家とかつけるだけじゃ普通だし、だとしたら何にしたらいいんだろう……」

「せっかくつけるならキラキラネームみたいなカッコイイ源氏名、じゃなかった高座名つけたいしぃ……」

　スギハラさんもチャコ姐も、随分と頭を悩ませていました。

　亭号のつけ方に迷った時には、自分の出身地や職業、趣味などから考えると良いかもしれません。たとえば……

出身地から：新潟出身で越後家、青森出身で津軽亭、沖縄出身でらふ亭、上野育ちで熊猫亭
職業から：自動車販売業で轟家、教会の牧師でハレル家、お母さんでこそだ亭
趣味から：お酒大好きで呑み亭、食いしん坊で満腹亭、阪神大好きで猛虎家
誕生日から：5月生まれで皐月亭、元旦生まれで新年家《ニューイヤー》

　ダジャレばかりになってしまいましたが、とにかく好きな言葉に「家」か「亭」をつけるだけで、亭号っぽいものができ上がります。自由に考えてみましょう。

　ちなみに、苗字にあたる亭号は、同じ団体の仲間で統一して使うこともあります。大学の落研の方たちは大抵学校名をもじった亭号を使っていますし、サーク

ル単位で同じ亭号を使っていることも多々あります。

仲間を増やして一門を作って、一門会を開催したりと楽しみ方も増えるので、仲間が増えたら自分の亭号に無理やり引きずり込むのも楽しいと思います。


さて、亭号をざっくり考えつつ、同時進行で高座名も考えていきましょう。高座名は亭号よりも更に自由につけて大丈夫。カタカナやひらがなが入っても問題なしなので、自由に考えていきましょう。

そんなわけで悩むこと数十分。スギハラさんとチャコ姐の高座名が決まりました。

スギハラさんの高座名はこちら！
「読《よ》み亭《てい》 売杉《うれすぎ》」

出版社の編集マンのスギハラさんは、読みたい本を作って売れすぎて困っちゃう！　という願掛けの気持ちを込めつつ、苗字のスギハラの杉の字を入れてみたそうです。

こんな感じに本名から1文字とってみたり、仕事の内容とからめた高座名をつけると、落語の本題に入る前のまくらの部分で自己紹介をするのに便利です。


そして、**チャコ姐は……「雪亭《ゆきてい》 聖夏《せいか》」**


本名とも仕事とも全く関係ないけれど、そこはかとなく漂うキラキラネーム感……。

何かと思ったら、生粋の宝塚ファンのチャコ姐は、大好きな宝塚雪組の雪と、大好きなジェンヌさんのお名前を拝借したのだそうです。そう、アマチュア落語の高座名って、そのくらい自由でいいんです。

そんなわけで、二人の名前が決まりました！

読み亭売杉さんと、雪亭聖夏さん。名前が決まってちょっとテンションを上げた二人は目標シートにデカデカと筆ペンで名前を書いておりました。

2 いつ、誰の前でやる？

さて、名前が決まりましたら、次は「いつ、誰の前でやるか」を考えましょう。

スギハラさんの場合、すでに「会社の忘年会で、社長の前でやる」という、とってもハードルの高い課題が決まっているので、そのまま頑張ってもらうとしますが……。

　せっかくの楽しい落語デビューなので、これから目標を設定する方は、できる限り、下手でも優しく聞いてくれるような、寛大な人の前でやることをオススメします。

　例えば、仲間内の飲み会や、お花見、歓送迎会、結婚式の二次会や、近所の町内会の集まりなど余興があると盛り上がりそうな時。近所の居酒屋に友達を集めてやったり、家族が集まるクリスマスや誕生日パーティの出し物に。

　規模は大小ありますが、座布団を置くスペースがあればどこでもできるのが落語のイイところ。3ヶ月後くらいに、披露できそうな場所、ありそうですか？

　チャコ姐にも無理やり考えてもらうと、

「ちょうど3ヶ月後に結婚記念日の友達がいるから、そのお祝いの飲み会で披露しようかな」

　とスパッと目標が決まりました。

「3ヶ月後、友達の夫婦が喜んでくれるような落語をやる！」

　早速目標シートの②が埋まりました！

　スギハラさんやチャコ姐のように、近々の目標が見当たらない方は、無理やりでもいいので3ヶ月後に披露する場を作ってしまいましょう。

「と言っても、会場を借りてお客さんをあつめて……なんて全然お気楽じゃない……」

　と思われるかもしれませんが、わざわざそんな手間のかかることをしないのが、「お気楽あまらく道」。

　家の茶の間で家族に観てもらう、でも、会社の後輩をカラオケボックスに召集して聞かせる、でもいいので、とにかくいつ、誰の前でやるかを決めちゃいましょう！

　それが決まれば、次の項目、「どんな噺をやるか」のチョイスもぐっとしやすくなりますから。騙されたと思って、無理やりにでもひねり出してみましょう！

3 どんな噺をやる？

さて、見せる相手が決まったら、一番のお楽しみ、どんな噺をやるかを考えましょう！

プロの落語家さんの世界では、入門したての前座さんは「前座噺」と呼ばれる、短くて難易度のあまり高くない噺をやらなくてはならないという決まりが存在するのですが、そんなルールなしに好きな噺を選んでやっていいのがアマチュア落語の良いところ！　好きなネタを見つけてとにかく楽しく覚えていきましょう！

と言ってみたところで、落語大好きスギハラさんからご指摘が入りました。

「本当に好きな噺でいいの？　最初はやっぱり寿限無とか、子ほめみたいな、前座噺で基礎を覚えなきゃいけないいんじゃ……」

確かに、カルチャーセンターなどでやっているアマチュア落語の教室や、「独学で覚えよう！」というフレコミの本やDVDの場合、初心者でも覚えやすい簡単な噺でみっちり基礎から覚えましょう、と、寿限無などの決まった噺を練習するケースが多いのですが、この本は、カラオケ3曲覚えるくらいの気楽さで！をモットーに掲げた「お気楽あまらく道」。

カラオケで好きな曲を歌い始める前に、絶対に「きらきら星」を完璧にマスターしてからじゃなきゃダメ！　なんてルールがないのと同じように、「寿限無」をやれなくても、好きな落語を楽しく覚えて披露しちゃっていいんです！

それが、アマチュア落語の自由で楽しい特権なのですから。

というわけで、早速ネタ探しに入りましょう！

この本を手にとった時点で、やりたい噺が決まってる、という方はさらりと読み飛ばしてもらっても大丈夫なページですが、1席終えたあと、次は何の噺をやろうかな、という時にも役立つような、ネタのチョイスの仕方もご紹介しますので、気が向いた時にでも、パラリとめくってみてください。

演じる自分の人柄や見せる相手から、やる噺の候補を絞ってみましょう

「私、落語の噺って本当に全然知らないんだけど、何やればいいの？」

チャコ姐から早速質問が飛んできました。

古典落語と呼ばれる噺の総数は明確にはわかっていませんが、５００以上あるとも言われています。そんな中から全く知識ゼロで話を選ぶのは確かに大変ですよね。

そこで、途中まで書きかけの目標シートの登場です！

落語の世界には、世話好きの大家さんや、世間知らずのお殿様、おっちょこちょいな町人や、しっかり者のおかみさん、おバカな与太郎、知ったかぶりな和尚さんなど様々なキャラクターが登場しますので、「演じる自分」か、「見せる相手」に似たキャラクターが登場する噺という切り口で探せば、落語デビューを楽しく盛り上げられるような噺が必ず見つかるハズなのです。

演じ手の人柄や趣味など、その人のキャラに合わせた噺

せっかくの初高座なので、自分の趣味や性格にあった噺をやるのもオススメです。自分にそっくりな共感できるキャラクターを演じれば、知らないうちに感情移入もできてリアルに楽しく演じきることができるはず。

《お酒好きの人にオススメの噺》

「親子酒」

息子と禁酒の約束をした酒好きのお父さん、我慢できずにお酒を飲んでしまって……。

美味しそうにお酒を飲む芝居や、楽しく酔っ払う芝居は、数日禁酒してからお酒大好きな人が演じるととってもリアルに演じられるはず。

「替り目」

酔っ払いが帰りがけに車夫をからかいながら家に帰って、おかみさんに早く寝なさいと言われながらも酔って絡んでもう1杯！　とくだを巻き……。

最終的にはおかみさんへの愛を語るカワイイ酔っ払いの噺なので愛妻家の方に。

《食べるのが好きな人にオススメの噺》

「時そば」

お蕎麦屋さんでお金を払う途中で「今なんどきでぃ？」と時間を尋ねて蕎麦代をごまかそうと必死になる、という古典落語の中で最もメジャーとも言えるあの噺。

蕎麦を食べる仕草があったりと、ちょっとハードルは高いけど、マスターできるとかっこいい！

落語に詳しくない人でも、大抵みんなが知ってる噺なので、どこで演っても喜ばれます。

「饅頭こわい」

怖いものなど何もない。蛇もカエルも蜘蛛も平気！と強がる男を怖がらせようと、仲間たちが苦手なものを聞き出すと、その男が唯一苦手なものはなんとお饅頭だという。怖がらせるために饅頭を用意すると……。

お饅頭を美味しそうに食べる仕草や、過剰にお饅頭を怖がる芝居など派手にやればやるほど盛り上がります。

《おっちょこちょいな人にオススメの噺》

「堀ノ内」

そそっかし過ぎる主人公が、そっそっかしいのを治すために、堀之内というお寺にお参りに行く間にもおっちょこちょいを大炸裂。

あるある、な間違いから、そんな訳ねーだろ！ な失敗までリアルに演じれば、職場でのちょっとした失敗も許してもらえるようになるかも？

「粗忽の釘」

粗忽者（そそっかしい人）が引越しをすることになるが、粗忽過ぎて大失敗。新居の壁に釘を打ったらうっかりお隣の壁に貫通してしまい、謝りにいくのだけどそこでも粗忽が大炸裂し……。

これでもか！ とあらゆる場面でドジを踏む主人公のダメぶりは、堀ノ内と同じく、普段失敗続きな人ほど感情移入して楽しく演じることができるはず。

この２つの噺を聞いてると「私のドジもまだまだな」と希望を抱いてしまえる、聴く人をハッピーにできる滑稽噺です。

《子育てに奮闘するママさんパパさんにオススメの噺》

「桃太郎」

お父さんが子供を寝かしつけるために、おなじみの昔話、「桃太郎」を語ったら、生意気な子供が屁理屈こねて親を言い負かそうとして……。

口達者な子供の台詞を自分の子供をマネて演じてみたり、言い負かされてオロオロする親の気持ちをリアルに再現すれば、大人も子供も楽しめるかも。

《動物が好きな人にオススメの噺》

「狸札」

鶴の恩返しの狸バージョンのような噺。山で助けた狸がお礼にやってきて、得意の変身を使ってお札に化けてみたはいいけど……。

狸の仕草や喋り方が可愛らしいので女性の演じ手にも人気の噺。オジサン落語家が演じても可愛く見えるので、「カワイイ」と褒められたい人にはオススメです。

「元犬」

白い犬は人間に近い、という言い伝えを信じた白い犬が神社にお参りしたら本当に人間になれちゃった！　犬だと隠して奉公にでて働いてはみるものの、なかなか犬のクセが抜けなくて……。

純真で無邪気な犬のセリフや大失敗する様子が可愛い噺。愛犬家で犬の気持ちがわかるんです！　という人はリアルに演じることができるかも。

見せる相手や場所に合わせた噺

結婚式や結婚記念日のお祝いの場や、子供たちの集まるお祭りなどは、落語が大歓迎されるぴったりの発表の場です。

こんな夫婦の前ならこの噺、こんな子供たちの前ならこの噺と相手のキャラに合わせた噺なら「わかるわかる！」と感情移入して楽しんでもらえるはず。

《夫婦の前でのオススメ噺》

「崇徳院」

一目惚れした相手に会いたくて、恋の病にかかった若旦那と相手の娘が、再会を果たすまでの純愛物語。「たとえ離れてしまってもいつか必ず一緒になりましょう」というメッセージを込めた和歌に胸キュンすること間違いなし。

困難を乗り越えて結ばれた二人の結婚式や、遠距離恋愛に不安を持ってる友達の前で演じると純粋な恋心に感情移入してもらえるかも。

「厩火事」

髪結い（美容師）の姉さん女房が、遊んでばかりの亭主の愛情を確かめるために、亭主が大切にしている茶碗を抱えてわざと転んで見せると……。

ダメ男に引っかかってばかりの女の人や、相手の気持ちがわからなくて不安になっちゃう乙女心を持ってる女性には共感できるポイントてんこ盛りのお噺です。

ついついダメ男に引っかかっちゃう女性が自虐ネタを交えて演じるとかなりリアルに怨念込めて演じることができるので、そんな方にもオススメです。

「たらちね」

言葉が丁寧すぎるお嫁さんがちゃきちゃきの江戸っ子、八五郎のところに嫁入りに。お嫁さんの丁寧過ぎる言葉が通じないことで巻き起こるドタバタ騒動の物語。

京都育ちのお嫁さんの京ことばでサラサラ語る言い立ての麗しさと八五郎のチャキチャキ江戸っ子ぶりの演じ分けを派手にできるととにかく楽しい噺。

《子供の前でのオススメ噺》

「転失気《てんしき》」

知ったかぶりの和尚さんが、お医者さんから「転失気はおありか？」と聞かれたけれど何のことだかわからず、杯のことだと思い込んで話をしていくけれど、実は「転失気」とはオナラのことで……。

オナラやウンコで笑う世代の子供たちにはとにかくバカウケするおバカ噺。下ネタでウケることに抵抗のない方はぜひハイテンションに演じてみてほしい噺です。

「寿限無」

おなじみの「寿限無寿限無後光の擦り切れ……」と続く長い長い名前のせいで、当たり前の日常が当たり前じゃなくなって……。

小学生や幼稚園児の中には寿限無を言える子も多いので、寿限無を言える子供の前で演じると一緒に唱えてくれたりして盛り上がります。

まだまだオススメの噺はありますので、続きは別のページでも少しずつご紹介していきます。なので、最後まで読み終えてから気になるネタをピックアップしても大丈夫。

選びきれないけど、最初だからなるべく簡単な噺にしたい！

という方は、49ページのおまけコラムの、前座噺の中から選ぶのもよいかもしれません。

やりたい1本を絞り込むには

さて、気になるネタの候補がいくつか絞れたら、実際に最後まで聞いてみて、一番やりたい1本をチョイスしていきましょう。

と言っても、寄席に行ったり落語会に行って、観たい演目を見ることができるケースというのは相当まれなものなので（大抵の場合、演目はその日に決定します）、ここは手っ取り早く、文明の利器に頼ってしまいましょう。

Youtubeやニコニコ動画などインターネットの動画サイトには、プロアマ問わず、無料で落語を披露している動画がたくさんありますので、どんな噺か実際に聞いてみたい時にはとても役立ちます。

もしネット環境がない方や、ネット上に気になる噺の動画が見つからない方は、近くの図書館に行ってみるのもいいと思います。お金をかけずにタダで名人の落語のＣＤやＤＶＤがたくさん借りられます！　あ、もちろん余裕のある方はＤＶＤを買ってみるのが一番ですが。こんな感じで、実際に目でみたり耳で聴いたりしながら、最終的に、好きな噺を選んでいきましょう。

さて、そんなわけで、夫婦の噺を披露したい**チャコ**

姐は「たらちね」、お酒大好きな**スギハラさんは「親子酒」**に演目を決めました。

みなさんも、やりたい噺が決まったら、目標シートに噺のタイトルを入れましょう。これで、目標シートは完成です!!

3ヶ月後にこの目標を必ずや達成できるよう、がんばりましょう!!

というところで、チャコ姐とスギハラさんとの作戦会議もお開きにしようとしたのですが……、

「でも、3ヶ月も今日のやる気を維持できるかなぁ……」

とつぶやいたのはスギハラさん。

そこで、せっかくなのでもうひと手間、挫折防止の仕掛け作りを二人にやってもらうことにしました。

これはあくまで強制ではありませんが、今立てた目標を、絶対に達成したい人、挫折したくない人は、もう1ステップやってみましょう。このステップをやるかやらないかで、挫折せずやり遂げれる率は格段にアップします。

あくまで気楽に楽しくがモットーの「お気楽あまらく道」ですから、やるかやらないかは、皆様のご自由ですが、**所用時間1分もかからずにできる、挫折を防ぐ方法**をこの章の最後にお伝えしておきます。随分もったいつけてみましたが、挫折をしない ゴールへの一番の近道、それは**自分以外の誰かに、宣言しちゃうこと**。

4 宣言しちゃおう

目標シートに書いた内容を、口頭で、電話で、メールで、ツイッターで、フェイスブックで、便利なツールがたくさんありますから、とにかく誰かに伝えてしまいましょう。そうすれば、もう否応なしに相手に会うたびに聞かれるはずです。

「落語、どうなった?」と。

ついつい先延ばししそうなことだからこそ、外部にやる気スイッチを設置するのです。

「お気楽あまらく道」なのであくまで強制はしませんが、せっかくなら挫折しない仕掛けを活用しないテは

ないと、私個人は思うのですが、どうでしょう？（とヤンワリした様子で強制のように追い込んでみています）

目標シートを埋めて、自分の高座名をすっかり気にいったチャコ姐は、私がこの提案をするより先に、披露する相手の夫婦にメールを送り、ツイッターにも投稿してました。なんて素晴らしいやる気……。

一方のスギハラさんは、既に社長と約束してしまっているものの、一度挫折したトラウマがあるためかこれ以上、たくさんの人に知らせたくない、と消極的。次こそ挫折しないためにも、なるべく多くの人に宣言したほうがいいと思いますけど……、とやんわり勧めてみましたが、やっぱりどうにも気乗りしないご様子。

そこでもう1個、恥ずかしくて他人に宣言はしたくないけど挫折もしたくない！　という方向けに、毎日必ず「やらなくちゃ」と思い出せる、**やる気スイッチの仕掛け**をご紹介。

使うのは、いつも愛用している携帯電話。

今作った**目標シートをケータイのカメラで撮影**してください。終わったら、それを**待ち受け画面にセット！**

あくまで強制じゃあありません。でも、挫折はしたくないけど、恥ずかしいから宣言もしたくないんですよね？　スギハラさん？

限りなく強制のような勢いになりましたが、スギハラさんも「やる気スイッチ」の投入完了。あとは3ヶ月間がんばるだけ！　という準備ができました。

大丈夫、目標があれば、案外何とか頑張れちゃうものなのです！

この本を読んで下さっている皆さんも、無理のない範囲でやる気スイッチ作ってみてください。

今日感じたワクワク、ドキドキ感を忘れぬように、しっかり目標シートを書き終えたら、さぁ、いよいよ実践編に飛び込みましょう!!

おまけコラム

初心者にオススメ！修業中の前座さんが覚える落語の世界のバイエルこと〝前座噺〟を簡単にご紹介

前座噺とは入門したての前座さんが覚える噺。登場人物が少なく、仕草もさほど複雑ではないシンプルな会話劇なので、何をやってよいかわからない！　という方はまずは前座噺の中から好きな噺を選ぶことをオススメします。

「道灌」▼「人が雨具を借りにきた時のカッコイイ断り方」を覚えた八五郎。実践したいと思っていたのに、雨具を持った友人が提灯を借りに来た。雨具を借りて欲しい八五郎は……。

登場人物がシンプルな滑稽噺。多くの落語家さんが入門して一番最初に習ったという、前座噺の中の前座噺。

「初天神」▼ワガママを言わないという約束で父に初天神に連れてきてもらった息子が、あれ買って、これ買ってとワガママ放題。「お前なんか連れてこなけりゃよかった」とこぼす父だったが、その後息子よりもダメぶりを発揮して……。

登場人物が少なくシンプルな噺だけど、お団子を食べたり飴を食べたり楽しい仕草もいっぱい。

「つる」▼八五郎に鶴の名前の由来を尋ねられたご隠居さんが「昔唐土の国から鶴の雄が『つー』と飛んできて、鶴の雌が『るー』と飛んできたから鶴だ」と教える。誰かに教えたい八五郎が仲間の家で再現するが、「昔唐土の国から鶴の雄が『つるー』と飛んできて」としくじって……。

ゆっくり演じても10分かからない短い噺なので、暗記に自信が持てない方はまずこの噺から入るのもオススメ。

「子ほめ」▼八五郎の家に生まれた赤ちゃんを上手に褒めれば、タダでお酒を飲めると聞いた熊公がご隠居さんに習った上手な赤ちゃんの褒め方を実践してみるけど、全く上手に再現できなくて……。
道灌と並ぶ、ザ前座噺な噺。

「牛ほめ」▼父親に頼まれて、親戚の家の新築祝いに向かった与太郎だったが、父親に叩き込まれた家の褒め方を全く上手にできなくて……。
落語に出てくるおバカキャラ与太郎の可愛らしさを演じるならまずこの噺から！　オチのバカバカしさがかなり酷い！　江戸っ子もバカだったんだなぁ、と思える愉快な噺。

「狸賽」▼賭博が大好きな男の元へ助けた狸が恩返しにやってきた。男は狸にサイコロに化けるようにお願いし、賭場で狸のサイコロを使って大儲けしようとするが……。
44ページで紹介した「狸札」「狸鯉」「狸釜」という狸シリーズの噺をつなげると「たぬき」という長いネタにすることもできるので、まずはお好きな狸を選んでやってみると簡単にネタの幅が広がります。

「寿限無」▼46ページに記載
「転失気」▼45ページに記載
「たらちね」▼45ページに記載
「饅頭こわい」▼43ページに記載
「元犬」▼44ページに記載
「金明竹」▼70ページに記載
「狸札」▼44ページに記載

アマチュア落語家インタビュー①

ママさん落語家、PTA会長になって大活躍！

薩摩亭　亜ら馬さん
（主婦・PTA会長 アマチュア落語歴4年）

落語を始めるまで何をしてましたか？

子供が生まれるまでは、フリーアナウンサー、レポーター、舞台役者など人前で喋る仕事をしていて、娘二人のママになってからは仕事をやめて専業主婦になりました。

落語をはじめたきっかけは？

娘が幼稚園に入園して初めての保護者会で、一人ずつ自己紹介をする機会があったんですが、他のママさんパパさんが流暢に喋って皆を盛り上げている中、私だけ緊張して全然上手に喋れなかったことにショックを受けて……。挽回するために人前で喋る活動を再開したいと思ったのですが、子供がまだ小さかったので、劇団など他の人と予定を合わせて行なう活動は難しい時期だったんです。そんな時、落語なら一人でいつでもお稽古できて一人でも自由に発表できるんじゃないかと思った、というのがきっかけです。

実際にやってみたら？

もともと劇団でお芝居をやっていたこともあって、セリフや仕草を覚えることは案外難しくありませんでした。本番もコレならいける！と思ったのですが……。

初高座の感想は？

今までで一番最低の出来栄えでした（笑）。セリフを一言一句間違えずに、一人で15分も喋るというプレッシャーからガチガチに緊張してミスを大連発。高座を降りる時には悔しい気持ちでいっぱいでした。でも共演したアマチュア落語の先輩たちが、セリフを間

違えて忘れても、ノビノビ楽しく演じている様子をみて、「そうか！　落語は演劇と違って、間違えても迷惑かける共演者も演出家もいないんだから自由にやっていいんだ！」ということに気がついたんです。このままじゃ終われない！　とリベンジを決意しました。

落語を覚えたおかげで役立ったことは？

ＰＴＡ会長になれたことでしょうか。娘が小学校に入学してからボランティアで「読み聞かせ」の活動をやっていたのですが、落語をやっているという話をしたら、子供達の前でやってほしいと言われて、やってみたら大ウケで。子供達から「落語のおばちゃん」と呼ばれるようになってきて、子供伝いに噂を聞いたママさん達の間でも「落語をやるママ」というキャラがいつの間にか浸透してたんです。ＰＴＡ会長に立候補した時は、ママさん達に受け入れてもらえるか不安でしたが、「落語の人なら面白そう！」とすんなり承認してもらえて、念願の会長の座を射止めることができました。

ＰＴＡ会長の仕事で、落語をどう役立ててますか？

一番役に立つのは、入学式や卒業式などのスピーチの時ですね。いきなり本題に入るのではなくて、落語のマクラの時のように謎かけから入って聴く人の心を掴むような工夫をしています。たとえば、入学式ではこんな謎かけからスピーチを始めました。

「新入生とかけまして、ジャンボジェット機と解きます。その心は……

どちらも、〝きたい〟が大きいです！　初めまして、落語の話せるＰＴＡ会長の……」

ってな感じに、自己紹介をしてから本題に入ることで、「この学校のＰＴＡは楽しそう」と親しみを持ってもらえればいいなと、工夫しています。

あとは、ＰＴＡの活動の中に「地域の町会長さん達と学校を繋ぐ」という仕事があるのですが、普通に挨拶をするだけでなく「落語やってます」という情報を加えておくと、「落語の会長さん！」とすぐに顔と名前を覚えてもらえました。特に年配の方から落語はウケがすごくいいので、子供から大人まで幅広い世代の人から「落語のできる会長」というキャラで顔を覚えてもらうことができました。

アマチュア落語の魅力とは？

幅広い年齢、職業、地域の人とたくさん出会って刺激を受けられるところですかね。

出産して子育てをしながら専業主婦をしているうちに、気づいたら周りの人間関係が〝ママ〟という属性の人ばかりになっていたのですが、アマチュア落語を始めてからは、学生さんや、会社員、ＯＬさん、定年退職したお爺ちゃんなど普段のママ生活の中では出会えない人達と出会うことができて、世界をグッと広げることができたと思います。

あと私は、福井の全国女性落語大会や、大阪の社会人落語日本一決定戦にも参加しているのですが、そこで全国各地から集まったアマチュア落語家の人達と仲良くなって、情報交換ができるのも、落語を始めたおかげですよね。

落語を趣味にしている人は、発想が面白かったり、サービス精神旺盛な人が多いので、会うたびに刺激を受けることができて楽しいです。

ネタ選びと噺を覚える方法は？

寄席に通って生でネタをたくさん聴いて「コレだ！」と思った噺のＤＶＤを見つけて稽古を始めます。台本を手書きで書き起こしてからは、ママチャリの上や車の中で何度もひたすら唱えて覚えます。

高座でやった失敗談

「野ざらし」という噺の中に、釣竿に見立てて扇子を振り回す場面があるのですが、扇子を派手に振り回しすぎて目の前にあったマイクを叩き割りました。パカっと上半分が取れて客席に転がっていってお客さんも私もビックリで（笑）。

落語以外の趣味は？　そこと落語のつながりは？

ＤＩＹとパソコンを使ってのプログラミングが趣味です。ＤＩＹは本棚やベッドを作ったりと結構本格的にやっているんですが、その技を生かして本格的なめくり台も作りました。

パソコンもＤＩＹも落語も一人でできる趣味という点では似てるのかもしれませんね。目立ちたがり屋だけどインドア。そんな人に、落語はぴったりの趣味かもしれませんね。

1ヶ月目の目標
「カラオケでいうならば、歌詞を見ながら音楽に合わせて楽しく歌えるようになる」の段階までやってみよう

1ヶ月目の1週目その①
師匠を見つけよう

さて、目標が無事決まりましたら、早速行動開始です！

まず最初にやっていただくのは、「**師匠を見つける**」ことです。

「弟子入り制度がないからアマチュアなんじゃないの？」

早速チャコ姐からツッコミが入りましたが、もちろん「師匠」と言っても実際にプロの落語家さんに弟子入りしたり習いに行ったりするわけではありません。

これから3ヶ月間でマスターすると決めた**噺のお手本を、どの師匠のバージョンにするかを決める**のです。

古典落語というのは、大まかなストーリーや登場人物のなどの設定は同じなのですが、演じる人によって、途中に入るギャグが違ったり、最後のオチ（落語ではサゲと言います）が違ったり、登場人物の性格や口調が違ったりと、様々な個性があるのです。

毎度おなじみの、カラオケの世界に例えるならば、「**コーヒールンバ**」を歌う時、**井上陽水バージョン**で歌うか、**ザ・ピーナツバージョン**で歌うか**荻野目洋子バージョン**で歌うか？

「**明日があるさ**」を歌うなら**坂本九バージョン**で歌うか、**ウルフルズバージョン**で歌うか？　みたいな感じです。

自分が聞いて一番カッコイイと思えたり、自分が歌って一番気持ちよく歌えるアレンジのバージョンを選んで歌うのと同じように、自分の選んだ落語の噺を

一番自分ごのみのテイストで演じている師匠を見つけるのが、楽しく演じるための第一歩。

インターネットの動画やCD、DVDなどで、何人かの落語家さんの噺を聴き比べて、一番真似したい師匠を見つけちゃいましょう！

1ヶ月目の1週目その②
台本を起こしてみよう

参考にする師匠が決まったら、**一言一句違わぬように、セリフを書き出してみましょう。**カラオケで言うところの、歌詞カードを自分で作ってみるのです。

落語は、何人かの登場人物を一人で演じ分けなければならないので、そのセリフを喋っているのが誰なのかを頭の中で整理するためにも、この作業は、案外大事です。

便利な世の中になったので、インターネットで検索してみると色んな落語の台本を掲載したホームページなどにもお目にかかることができるのですが、ここは一つ、選んだ師匠のバージョンを自分の耳で聞きながら台本に起こしていきましょう。

「再生ボタンと停止ボタンを何度も押しながら書き起こすの、はっきり言ってメンドクサイ！　全然お気楽じゃないじゃないか！」

と早速スギハラさんから不満の声があがりました。

スギハラさんと同じく、そう思われてる方も結構たくさんいるかと思いますが、これも先を見越すとお気楽のための作業なのです。

一番最初に自力で聞き取って書き写す作業をしておくと、頭の中にセリフが嫌でも入ってくるので、後々に待ち受けている、セリフの暗記という一番ハードルの高い難関をとってもラクに超えられるようになるのです！

お気楽にセリフを覚えるための準備体操と思って、お気楽に楽しくやっていきましょう！

と励ましてみたにもかかわらず、スギハラさんに負けず劣らず面倒くさがりなチャコ姐は……

「私、すっごいお気楽な書き起こし方、思いついた！」

と、ノートパソコンを取り出して、得意げに操作を始めました。

手抜きはNG

自動音声入力。イマドキのパソコンやケータイにはこんな便利な機能があるんですね。

持ってきた師匠のDVDを流しながら、自動で文字が入っていく様子を見守ってみること数秒……。

パソコン画面に、こんな文字がでてきました。落語に詳しいというそこのアナタ、何の噺の台本かわかりますかね……?

「ジャーナリスト屋さん親3年が20歳器量が良くてタツノコ文字ぐらい持ってくるっての話がうますぎるねそんな話をどこにoやねでしょ」

ジャーナリスト屋さん……。古典落語には絶対に登場しないであろう職業がいきなりでてきてビックリですね。そしてタツノコ文字とは一体……。パソコンも必死に聞き取ろうとしたようですが、全くもってお役に立ってはくれませんでした。

そんなわけでタネあかし。冒頭のセリフ、ちゃんと音源を聴いて自力で書き起こしてみるとこんなセリフだったのです。

「じゃあ何ですか大家さん、え? 歳が二十歳で器量がよくて、箪笥長持ちくらい持ってくるってぇの? 話がうますぎるねぇ、そんな女があっしの所に嫁にくる訳がねえでしょう」

これは、「**たらちね**」という噺の冒頭のセリフです。大家さんが、長屋の住人、八五郎にとても育ちのいいお嫁さんを紹介しようとやってきて……、という最初のシーンなのですが、最先端のアップルコンピューター様の耳には、「じゃあ何ですか?」が「ジャーナリスト屋さん」に、「箪笥長持ち」が「タツノコ文字」に聞こえちゃうんですね……。

ちなみにこれ、ちょっとハマって何人か別の落語家さんの「たらちね」を書き起こさせてみたら、どれもトンデモなく別のセリフになって、やっぱり演じ手によって同じようなセリフでもイントネーションやリズムが全く別に聞こえるんだなぁ、と痛感したのでした。

さて、そんな雑談はさておき、チャコ姐もようやく自力で何とか書き写すと腹をくくったようで、黙々と手を動かしながら台本作りに励んでいました。

皆さんもこの先の暗記をお気楽にするために、気楽な気持ちで書き起こしましょう。

来月の自分のために「やる気スイッチ」を仕込もう

台本を無事書き終えましたら、1つ、来月以降のやる気につながる「やる気スイッチ」を仕込んでおきましょう。

準備するものは、自分の声を録音できるカセットテープやレコーダー。

そんなの持ってない！　という方も、携帯電話やデジカメに、動画や音声を保存できる機能はついていませんか？

道具は何でも構いませんし、動画でも音声だけでも大丈夫です。

最後まで書き起こした台本を、下手でも全く問題ありませんので、最初から終わりまで声に出して録音してみてください。

この音源は、今後のお稽古の途中でやる気を失った時などに役にたつので、聞き返すと恥ずかしい！　という方はその場で聴かなくてもよいので、ぜひ保存しておいてください。

1ヶ月目の2週目
音源に合わせて台本を見ながら喋ってみよう

さて、台本が無事できましたら、いよいよ喋りのお稽古スタートです。

先週、一生懸命書き終えた台本を見ながら、お手本の師匠の落語に合わせて喋ってみましょう。

「え……、台本書き写し終わったから、図書館で借りたＤＶＤ返しちゃった。あとは読んで覚えればいいんじゃないの？」

スギハラさんからこんな連絡を受けましたが、まだまだ師匠から離れるタイミングではありません！　ここからみっちりと、選んだ師匠の落語を体に叩き込んでいきますので、ＤＶＤを借りて派の方はみっちり3ヶ月、手元に持っていられるよう確保してくださいね。

「落語を語るのに必要なのはリズムとメロディだ。そ

れが基本だ」

これは、スギハラさんも大好きな、かの立川談志師匠のお言葉です。

セリフを覚えてただ喋るのではなく、お客さんが聴いて気持ちの良いリズムや声のトーン、声の強弱など、台本には書ききれない音声の情報を、セリフと同時にインプットしておけば、3ヶ月後の仕上がりは全く別物になってきます。

「セリフを覚えるだけでも大変なのに、覚えることが多すぎてなんか大変そう」

早速チャコ姐が心折れそうになっていますが、ここは「お気楽あまらく道」。

最初の1ヶ月目はまだセリフの暗記のことは考えなくて構いません！

大事なことなので、もう一回言いますね。

最初の1ヶ月目はまだセリフの暗記のことは考えなくても構いません！

今月の目標は、カラオケで言うならば、振り付けも歌詞の暗記もナシの状態で、音楽に合わせて画面を流れてくる歌詞を見ながら楽しく歌えるようになる、というところです。

普段、カラオケでそこまで持っていくまでの過程を思い出してみてください。

台本を書き起こす際の見本

◯カラスカァで夜が明けて、八っつぁん慌ててご隠居さんの家にやってきた。
八五郎「ちょいと、ご隠居さぁん！　開けちくれぇい！」
ご隠居「おやおや、八っつぁん、どうした?」
八五郎「ご隠居さんにどうしても教えてもらいてえことがあって」

地の文
（誰のセリフでもない状況を説明するナレーション部分）

セリフ
（2人以上の場合、誰のセリフかを頭に書いておくと便利）

歌詞カードを手に入れただけでは、新しい歌を歌えるようにはなりませんよね？

お手本の曲を繰り返し何度も聴いてリズムとメロディーと歌詞をなんとなく頭に入れて、歌詞カードを読んで意味を確認。お手本の音源の歌声に合わせて何度も口ずさんで覚えていく、ような感じですよね？

通勤時間やお風呂の中、車の運転中やジョギング中など、いつもだったら音楽を聴いているような場面を、落語に置き換えて毎日を過ごしていけば、落語のリズムやメロディが自然に体の中に入ってくるはずです！

少し頭に入ったら、台本を眺めながら最後まで一緒のテンポで読んでみましょう。

噺によっては江戸っ子口調で早口でペラペラ喋るような場面も出てくるかもしれません。早口すぎて口がついていかない！　という方は、劇団員やアナウンサーになったつもりで、次のページでご紹介する早口言葉や寿限無の特訓もしてみるとセリフがペラペラ喋れるようになりますよ。

今月はとにかく楽しく、師匠の喋りに合わせて同じリズム、テンポで喋れるようになりましょう！

父親「おとっつあんはな、この身上をお前に譲りたい。
譲りたいと思えばこそ、酒なんか飲むんじゃないよ。
あんなものを飲んで、お前の身の破滅にな……」
八五郎「おめぇ、名前は何ってんだ？」
嫁「自らことの姓名を問い給うや？」
八五郎「水屋の清兵衛？
そうじゃぁ、おめぇの名前」
嫁「自らことの姓名は、父はもと京都の産
して、姓は安藤、名は敬蔵、字は五光、
母は千代女
が、三十三歳の折、
ある夜、
に孕めるが故に、
垂乳根の
は、鶴女と申

おまけコラム

寿限無と外郎売りで滑舌の特訓をしてみよう

2週目のお稽古で、いざ声を出して喋ってみると、舌が回らずなかなかテンポよく喋れない！　なんて壁にぶつかることもあるかもしれません。が、滑舌は毎日練習すれば確実に面白いほど上達します。滑舌をよくするための早口言葉といえば「生麦生米生卵」や「隣の客はよく柿食う客だ」などメジャーなフレーズがたくさんありますが、せっかく落語をお稽古しているなら、定番の落語「寿限無」にチャレンジしてみましょう。

小学生や幼稚園児でも暗記できる短いフレーズなので、何度も繰り返し唱えて暗記にもチャレンジしてみてください。

《寿限無》

寿限無、寿限無
五劫《ごこう》の擦り切れ
海砂利水魚《かいじゃりすいぎょ》の
水行末《すいぎょうまつ》 雲来末《うんらいまつ》 風来末《ふうらいまつ》
食う寝る処《ところ》に住む処
藪《やぶ》ら柑子《こうじ》の藪（ぶら）柑子
パイポパイポ パイポのシューリンガン
シューリンガンのグーリンダイ
グーリンダイのポンポコピーのポンポコナーの
長久命《ちょうきゅうめい》の長助

「寿限無なんてとっくの昔に覚えてるよ！　もっと難しいのはないの？」という方は、アナウンサーや俳優さんも滑舌特訓に活用している、歌舞伎の長台詞「外郎《ういろう》売り」にチャレンジしてみましょう。

台詞を暗記する必要はありませんが、これをマスターしてしまうと、落語の長台詞なんてたいしたことないのかも。と自信につながること間違いなしです。

《外郎売り》

拙者親方と申すは、御立会《おたちあい》の内に御存知の御方《おかた》も御座りましょうが、御江戸《おえど》を発って二十里上方《にじゅうりかみがた》、相州《そうしゅう》小田原一色町《おだわらいっしきまち》を御《お》過《す》ぎなされて、青物町を上りへ御《お》出《い》でなさるれば、欄干橋虎屋藤右衛門《らんかんばしとらやとうえもん》、只今では剃髪《ていはつ》致して圓斎《えんさい》と名乗りまする。

元朝《がんちょう》より大晦日まで御《お》手《て》に入れまする此《こ》の薬は、昔、珍《ちん》の国の唐人外郎《とうじんういろう》と云う人、我が朝《ちょう》へ来たり。帝《みかど》へ参内《さんだい》の折から此の薬を深く込め置き、用うる時は一粒《いちりゅう》ずつ冠《かんむり》の隙間より取り出だす。

依ってその名を帝より「透頂香《とうちんこう》」と賜る。即ち文字《もんじ》には頂き・透《す》く・香《におい》と書いて透頂香《とんちんこう》と申す。

只今では此の薬、殊の外、世上《せじょう》に広まり、方々《ほうぼう》に偽看板を出《い》だし、イヤ小田原の、灰俵《はいだわら》の、さん俵《だわら》の、炭俵《すみだわら》のと色々に申せども、平仮名を以《も》って「ういろう」と記せしは親方圓斎《えんさい》ばかり。もしや御立会の内に、熱海か塔《とう》ノ沢《さわ》へ湯治に御出《おいで》でなさるるか、又は伊勢御参宮の折からは、必ず門違《かどちが》いなされまするな。

御上《おのぼ》りなれば右の方《かた》、御下《おくだ》りなれば左側、八方《はっぽう》が八《や》つ棟《むね》、面《おもて》が三つ棟、玉堂造《ぎょうくどうづくり》、破風《はふ》には菊に桐《きり》の薹《とう》の御紋《ごもん》を御赦免《ごしゃめん》あって、系図《けいず》正しき薬で御座る。

イヤ最前より家名の自慢ばかり申しても、御存知無い方には正真《しょうしん》の胡椒の丸呑み、白河夜船《しらかわよふね》、されば一粒《いちりゅう》食べ掛けて、その気味合《きみあ》いを御目に掛けましょう。先《ま》ず此の薬を斯様《かよう》に一粒《いちりゅう》舌の上に乗せまして、腹内《ふくない》へ納めまする と、イヤどうも言えぬわ、胃・心《しん》・肺・肝《かん》が健やかに成りて、薫風喉《くんぷうのど》より来たり、口中微涼《こうちゅうびりょう》を生ずるが如し。魚《ぎょ》・鳥《ちょう》・茸《きのこ》・麵類の食い合わせ、その他《ほか》万病即効在る事神の如《ごと》し。

さて此の薬、第一の奇妙には、舌の廻る事が銭《ぜに》ごまが裸足《はだし》で逃げる。ヒョッと舌が廻り出すと矢も盾も堪《たま》らぬじゃ。

そりゃそりゃそらそりゃ、廻って来たわ、廻って来るわ。アワヤ喉、サタラナ舌にカ牙《ゲ》サ歯音《シオン》、ハマの二つは唇の軽重《けいちょう》。開合《かいごう》爽やかに、アカサタナハマヤラワ、オコソトノホモヨロヲ。一つへぎへぎに、へぎ干《ほ》し・はじかみ、盆豆《ぼんまめ》・盆米《ぼんごめ》・盆牛蒡《ぼんごぼう》、摘蓼《つみたで》・摘豆《つみまめ》・摘山椒《つみさんしょ》、書写山《しょしゃざん》の社僧正《しゃそうじょう》。

小米《こごめ》の生噛《なまが》み、小米の生噛み、こん小米のこ生噛み。繻子《しゅす》・緋繻子《ひじゅす》、繻子・繻珍《しゅちん》。

親も嘉兵衛《かへえ》、子も嘉兵衛、親嘉兵衛《おやかへえい》・子嘉兵衛《こかへい》、子嘉兵衛《こかへえ》・親嘉兵衛《おやかへえ》。古栗《ふるくり》の木の古切《ふるき》り口。雨合羽《あまがっぱ》か番合羽《ばんがっぱ》か。貴様の脚絆《きゃはん》も革脚絆《かわぎゃはん》、我等が脚絆も革脚絆。

尻革袴《しっかわばかま》のしっ綻《ぼころ》びを、三針針長《みはりはりなが》にちょと縫うて、縫うてちょとぶん出せ。河原撫子《かわらなでしこ》・野石竹《のぜきちく》、野良如来《のらにょらい》、野良如来、三野良如来《みのらにょらい》に六野良如来《むのらにょらい》。

一寸先の御小仏《おこぼとけ》に御蹴躓《おつまず》きゃるな、細溝《ほそみぞ》にどじょにょろり。京の生鱈《なまだら》、奈良生真名鰹《なままながつお》、ちょと四五貫目《しごかんめ》。御茶立《おちゃた》ちょ、茶立《ちゃた》ちょ、ちゃっと立ちょ。茶立ちょ、青竹茶筅《あおだけちゃせん》で御茶ちゃっと立ちゃ。来るわ来るわ何が来る、高野《こうや》の山の御柿《おこけら》小僧、狸百匹、箸百膳、天目《てんもく》百杯、棒八百本。武具、馬具、武具馬具《ぶぐばぐ》、三武具馬具《みぶぐばぐ》、合わせて武具馬具、六武具馬具《むぶぐばぐ》。

菊、栗、菊栗、三菊栗《みきくくり》、合わせて菊栗、六菊栗《むきくくり》。麦、塵《ごみ》、麦塵《むぎごみ》、三麦塵《みむぎごみ》、合わせて麦塵、六麦塵《むむぎごみ》。あの長押《なげし》の長薙刀《なぎなた》は誰《た》が長薙刀ぞ。向こうの胡麻殻《ごまがら》は荏《え》の胡麻殻か真胡麻殻《まごまがら》か、あれこそ本《ほん》の真胡麻殻。がらぴぃがらぴぃ風車《かざぐるま》。起きゃがれ小法師《こぼし》、起きゃがれ小法師、昨夜《ゆんべ》も溢《こぼ》してまた溢した。

たぁぷぽぽ、たぁぷぽぽ、ちりからちりから、つったっぽ、たっぽたっぽ一干蛸《いっちょうだこ》。落ちたら煮て食お、煮ても焼いても食われぬ物は、五徳《ごとく》・鉄灸《てっきゅう》、金熊童子《かなぐまどうじ》に、石熊《いしくま》・石持《いしもち》・虎熊《とらくま》・虎鱚《とらます》。中でも東寺《とうじ》の羅生門《らしょうもん》には、茨木童子《いばらきどうじ》が腕栗五合掴《うでぐりごんごうつか》んでおむしゃる、彼《か》の頼光《よりみつ》の膝元《ひざもと》去らず。鮒《ふな》・金柑《きんかん》・椎茸・定めて後段《ごたん》な、蕎麦切り・素麺《そうめん》、饂飩《うどん》か愚鈍《ぐどん》な小新発知《こしんぼち》。小棚の小下《こした》の小桶に小味噌《こみそ》が小有《こあ》るぞ、小杓子《こしゃくし》小持《こも》って小掬《こすく》って小寄《こよ》こせ。

おっと合点《がってん》だ、心得田圃《こころえたんぼ》の川崎《かわさき》・神奈川《かながわ》・程ヶ谷《ほどがや》・戸塚《とっか》は走って行けば、灸《やいと》を擦り剥《む》く三里《さんり》ばかりか、藤沢《ふじさわ》・平塚《ひらつか》・大磯《おおいそ》がしや、小磯《こいそ》の宿を七つ起きして、早天早々《そうてんそうそう》、相州小田原《そうしゅうおだわら》、透頂香《とんちんこう》。隠れ御座らぬ貴賤群衆《きせんぐんじゅ》の、花の御江戸《おえど》の花ういろう。

アレあの花を見て、御心《おこころ》を御和《おやす》らぎゃと言う、産子《うぶこ》・這子《はいこ》に至るまで、此の外郎《ういろう》の御評判《ごひょうばん》、御存じ無いとは申されまいまいつぶり、角《つの》出せ棒出せぼうぼう眉に、臼杵擂鉢《うすきねすりばち》ばちばち桑原桑原桑原《ぐわらぐわらぐわら》と、羽目《はめ》を外して今日《こんにち》御出《おい》での何茂様《いずれもさま》に、上げねばならぬ、売らねばならぬと、息《いき》せい引っ張り、東方世界《とうほうせかい》の薬の元締《もとじめ》、薬師如来も照覧《しょうらん》あれと、ホホ敬《うやま》って外郎《ういろう》はいらっしゃりませぬか。

1ヶ月目の3週目

落語の笑いの生命線、「間」をお稽古してみよう

1週間、みっちり聴き続けて、何とか同じテンポでセリフを喋るところまではこられましたでしょうか？ ちょっとつっかえたり、ついていけないところがあって……という方もまだまだ大丈夫。今月の終わりまでにスラスラ唱えることができるようになっていればいいので、気楽な気持ちで続けていきましょう！

ということで、**今週の新たなお題は「間」**。

色々なプロの落語家さんのインタビューを読むと、ウケるために一番大切なものは何かという質問に対して、とにかくたくさんの落語家さんが回答していたのが、この「間」というもの。

そもそもこの「間」というもの、果たして何なのか、と言いますと……

「かあちゃん、パンツ、破れちゃった」
「また（股）かい」

これは、落語の小噺の中でも最もメジャーで、最も短くて、最もバカバカしい噺です。

ただ文字で読むと、何それ？ どこが面白いの？ それで笑うの？ と思われるかもしれませんが、これを「間」のうまい落語家さんが話すとそれだけで、お客さんがドッカンドッカン笑うのです。これ、冗談じゃなくて、本当に。

わずか2つのセリフでも、間の取り方次第でウケたり滑ったり、というとっても難しい間という名の魔物。果たしてどうやって克服したら良いでしょうか？

落語大好きスギハラさんも不安そうな目でこちらを見ていますが……。

一番お気楽に「間」を手に入れる方法、それはズバリ

師匠の間を完コピすること

です！

完全コピーのやり方

プロの落語の世界では、入門したての前座さんは、とにかく師匠の落語を一言一句変えることなく、完全コピーをすることが一番最初の課題なのだと言います。いま、一線で活躍しているお師匠方が長年の研究の末に勝ち取った間を、ソックリに再現できれば怖いものなしです。

個性とか、自分らしさは、嫌でも滲み出てきますので、とにかく最初は、師匠の知恵と経験の詰まった「間」を完全に拝借できるよう頑張ってみましょう。

「そうは言っても、僕の選んだ師匠と僕の声って全然違うし……」

スギハラさんが、まだまだ不安そうなので、このあたりでまた、得意のカラオケにたとえて気楽になっていただきましょう。

カラオケで物凄く上手にモノマネをする人達がみなさん忠実に再現しているもの、何だかわかりますか？

それは息継ぎです。

曲のリズムや声の強弱を上手に再現するために、息継ぎのポイントや息を吸う速さ分量を合わせるのは基本中の基本なのだと、とあるモノマネタレントさんも語っておりました。

というわけで、まずは**台本とペンと師匠の音源を用意しましょう**。用意できたら、師匠の音源を聴きながら、**どのタイミングで息継ぎをしているかチェック**してみましょう。なかなか聴き取りづらい場合は、イヤフォンやヘッドフォンをしてよくよく聴いてみると、どこで息を吸ったかがわかるはず。

息継ぎの箇所のチェックが終わったら、音源を流して**師匠の声に合わせて、台本を読みながら喋ってみましょう**。同じ位置で息を吸うことに気をつけて喋ってみると、前よりもテンポよく、同じような声の強弱で喋れるようになった気がしませんか？

息継ぎのタイミングもまだまだ暗記できなくても大丈夫。その位置で呼吸して喋ることを何度も繰り返していけば、そのうち、師匠と同じ箇所で息を吸うのが当たり前になっていきますから、気楽な気持ちで何度も声に出して読んでみましょう。

父親「なんか飲んで温《あった》まるものはないかね？」
母親「…葛湯はどうです？」
父親「…葛湯ね…」
「さっぱりしたもんでないかね？」
母親「みかんの湯…」
父親「ちょっとね、お

1ヶ月目の4週目
音源と一緒に喋ってみよう

さて、最初の1ヶ月目も**いよいよ最終週**。

ぼちぼち音源を聴いて台本を見ながらなら、師匠と同じペースで喋ることできるようになった頃でしょうか？

まだちょっと自信ないなぁ。という人も大丈夫。ここで立ち止まらずに新しいことに挑戦してみましょう。やり終えてから振り返ってみると、いつの間にかできるようになってることの多さにビックリできるはずですから。

というわけで、今週の課題はこちらです。

「台本を少し手放して、音源だけを頼りに一緒に喋ってみよう！」

早速スギハラさん、チャコ姐からブーイングが飛んできました。

「最初の1ヶ月は台本見ながらできればいいって言っ

てたのに！」

たしかにそうですね、スミマセン。でもやりましょう。

とすっかり開き直ってみましたが、これは1ヶ月目のお稽古を気持ちよく達成させるための作戦ですから、騙されたと思って、気楽に挑戦してみてください。

なんて言っても、まだまだ不満げなスギハラさんとチャコ姐なので、今週も毎度お得意のカラオケに例える戦法で説得してみます。

歌詞を見ながら歌えるようになった曲って、テレビやラジオから流れてきたら、歌詞を見なくてもなんとなく一緒に歌えちゃったりしませんか？

疑わしいなぁ、と思った方は、お近くにあるCDや音楽プレイヤーで、「歌詞の暗記まではしてないけど、まぁカラオケに行けば歌えるような曲」を1曲流して一緒に歌ってみてください。AメロやBメロはちょっとしどろもどろになるかもしれませんが、サビやお気に入りのフレーズだけはぴったり曲に合わせて歌えたりしませんか？

この感じを掴めれば今月は問題ありません。セリフがすぐに出てこない箇所も、いちいち停止ボタンを押してセリフを確認したりせずに、モゴモゴ口を動かしながら、無理やり続ける（歌で言うと知らない歌詞の部分は鼻歌で歌うような感じ）というお稽古を、毎日繰り返し、続けてみてください。

コツコツ毎日喋ってみたら、今月の最終日には、びっくりするような成長を体感できること間違いナシなので、またまた騙されたつもりで、実践してみてください。

いつもと違う場所で稽古してみる

台本を手放してしまえば、いろんな場所でお稽古ができるようになるので、いつもと違う場所で喋ってみるのもオススメです。

例えば、ジョギングやウォーキングをしながら、車の運転をしながら、家事をしながら、などなど。いつも音楽を聴きながら歌を口ずさんじゃうようなシチュエーションの時に、落語を流して一緒に喋ってみると、忙しい毎日の合間にもしっかりお稽古する時間が確保できますよ。

ちなみにウォーキングやジョギング中に落語を喋りながら歩いていると、すれ違う人から、怪しい人と間違われかねないので、もし恥ずかしい時はマスクをしながらやると案外バレずにお稽古できちゃいます。

マスクをつければ、通勤の電車の中でもお稽古できるよ、という人もいましたが、どの程度声を出してるのかは謎のままです。でも、声は出さずに口だけモゴモゴして頭の中で喋るのは、私もよくやっています。

ある程度、噺の内容が頭に入ってきたら、いろいろな場所で喋ってみることができるのも、「お気楽あまらく道」のお稽古方法。

うっかり声を出して変な人と思われない程度に、いろんな場所で喋って口を慣らしていきましょう。

1ヶ月目の4週目の最終日
もう一度、台本を見ながら唱えてみよう

さて、3ヶ月間の落語チャレンジのうち、**1ヶ月目の最終日**になりました。

ここまで無事ついてこられた方々、本当にとっても素晴らしいです！

というわけで、楽しいイメージを掴んで、2ヶ月目のお稽古に突入するために、1ヶ月目の最終日にやっていただきたいのが、コチラ！

台本をみながら音源に合わせて喋ってみよう！

先週までのお稽古に逆戻り？　と思われた方も多いと思いますが、最後の1週間をマジメにやった方なら、この1週間の稽古の成果がここで、ハッキリ見えてくるはずです。

うまく口が回るように、軽く寿限無や外郎売りで口の準備体操を終えたら、早速台本を開いて音源を流しながら、同じテンポで最初から喋ってみましょう。

1週間前、台本を手放す前よりも格段にスラスラと文字を追えるようになってませんか？　テンポよく喋れるようにはなっていませんか？

4週目に台本ナシの6日間を過ごしたおかげで、セリフのリズムや呼吸が自然に体になじんでいるはずですから、そこに文字情報が加われば、もう怖いものナ

シ！

　と励まそうとしたところ、

「まだ全然スラスラ喋れてないなぁ。どうしても途中で引っかかっちゃうよ……」

　とテンションだだ下がりの様子のスギハラさん。

　そんな時こそ、1週目の終わりに準備しておいた「やる気スイッチ」の出番です！

　台本を書き起こして初めて最後まで読んだ時の自分の声と、聴き比べてみてください。

　1ヶ月でここまで喋れるようになった！　と必ず進歩を実感できるはず。

　チャコ姐もスギハラさんも、1ヶ月前の、シドロモドロに台本を読んでた頃の音源と、この日に録音した音源を聴き比べて、大満足してました。

　さぁ、1ヶ月の進化を喜んで気分を上げたところで、2ヶ月目に突入していきましょう！

落語のネタ紹介

覚えてしまえば超カッコイイ！言い立てのある前座噺

寿限無や外郎売りをスラスラ喋ることに快感を覚えてしまった人や、カラオケでラップをノリノリで歌うのが大好きな人には、「言い立て」のある噺もオススメです。

「言い立て」とは、一連の決まった長台詞のこと。覚えるのは大変だけど、ちょっと気合を入れて暗記してしまえば、スラスラ語れる自分にうっとりして、何度でも口ずさみたくなること間違いなし！

スラスラと喋れるようになるだけでも達成感がある上に、アマチュア落語家の場合だと、他の落語の部分が少し下手くそでも言い立てさえ決まってしまえば、お客さんから、「すごい！　よく覚えたね」とそれだけでも褒められちゃいます。

そんなカッコイイ「言い立て」が入った前座噺をいくつかご紹介。

「金明竹」

江戸の道具屋さんにコテコテの上方訛り（関西弁）の男がやってきて、与太郎と女将さんに、仕事の用事を伝言するのだけど、早口でペラペラ語る関西弁が全くわからず大騒ぎ、という滑稽噺。

ちょっと暗記が難しいけど、これも入門したての前座さんが覚える前座噺の一つなので、暗記力に自信がある人はぜひ挑戦してみてください。関西弁でペラペラ喋る言い立てなので母語が関西弁の方なら案外スンナリ覚えられるかも。

「わて、中橋の加賀屋佐吉方から参じました。先度、仲買の弥市の取次ぎました道具七品のうち、祐乗、光乗、宗乗三作の三所もの。並びに備前長船の則光、四分一ごしらえ横谷宗a小柄付きの脇差し、柄前はな、だんなはんが古鉄刀木といやはって、やっぱりありゃ埋れ木じゃそうにな、木が違うておりまっさかいなあ、念のため、ちょっとお断り申します。

次は、のんこの茶碗、黄檗山金明竹、ずんどうの花いけ、古池や蛙飛び込む水の音と申します。あれは、風羅坊正筆の掛け物で、沢庵、木庵、隠元禅師はりまぜの小屏風、あの屏風はなあ、もし、わての旦那の檀那寺が、兵庫におましてな、この兵庫の坊主の好みまする屏風じゃによって、かようお伝え願います」

「垂乳根《たらちね》」

45ページでも紹介した、言葉が丁寧すぎるお嫁さんが嫁いできて大騒ぎという噺の言い立ては、寿限無もびっくりの長い長い自己紹介。チャコ姐が選んだのがこのネタだったのですが、覚えるまでは「無理だよー、全然覚えられない」なんてこぼしていたのに、一旦覚えてしまうと、流れるような京言葉を品よくはんなり唱えるのは、とっても気持ちが良いそうで、色んな場所で得意げに唱えてました。

「自らことの姓名は、父は元京の産にして、姓は安藤、名は慶三、字を五光。母は千代女《ちよじょ》と申せしが、わが母三十三歳の折、ある夜丹頂の鶴を夢見て妾《わらわ》を孕めるが故、垂乳根の胎内を出でしときは鶴女《つるじょ》。鶴女と申せしが、それは幼名、成長の後これを改め、清女《きよじょ》と申し侍るなり」

「蝦蟇《がま》の油」

時代劇にもよくでてくる蝦蟇の油売りの口上。言い立ての中でもかなり長いセリフが続きますが、これを完全に覚えて唱えられるようになると、拍手喝采間違いなし！

「さあさ、お立ち会い。御用とお急ぎでない方は、ゆっくりと聞いておいで。遠目山越し笠のうち、物の文色《あいろ》と理方《りかた》がわからぬ。山寺の鐘は、ごうごうと鳴るといえども、童子《わらし》来立って鐘に鐘木《しゅもく》をあてざれば、鐘が鳴るやら鐘木が鳴るやら、とんとその音色がわからぬが道理。

だがお立ちあい、てまえ持ちいだしたる棗《なつめ》の中には、一寸八分の唐子《からこ》ゼンマイの人形。人形の細工人は数多ありと言えども、京都にては守随《しゅずい》。大坂表《おおさかおもて》には竹田縫之助《ぬいのすけ》、近江の大椽藤原《だいじょうふじわら》の朝臣《あそん》。手前持ちいだしたるは、近江の津守細工《つもりざいく》。咽喉《のど》には八枚の歯車を仕掛け、背中には十二枚のこはぜを仕掛け、大道へ棗を据え置くときは、天の光と地の湿りを受け、陰陽《いんよう》合体して、棗のふたをパッととる。ツカツカ進むか、虎の小走り、虎走り、すずめ、駒鳥、駒がえし、孔雀、雷鳥の舞い、人形の芸当は十と二通りある。

だがしかし、お立ち会い、投げ銭や放り銭はお断りだ。手前、大道に未熟な渡世をいたすといえども、投げ銭や放り銭はもらわないよ。

では、何を家業にいたすかと言えば、手前持ち出したるは、これにある蟇蟬噪《ひきせんそう》、四六のガマの油だ。そういうガマは、おのれの家の縁の下や流しの下にもいると言うお方があるが、それは俗にオタマガエル、ヒキガエルといって、薬力《やくりき》と効能の足しにはならん。手前持ち出したるは四六のガマだ。

四六、五六は何処で分かる。前足の指が四本で後足の指が六本、これを名付けて四六のガマ。これが住めるのは、これよりはるーか北にあたる常陸の国《ひたちのくに》は筑波山の麓、オンバコという露草を食らい成長をする。これが捕れるのは、五月に八月に十月、これを名付けて五八十《ごはっそう》は四六のガマだ、お立ち会い。

このガマの油を取るには、四方に鏡を立て、下に金網を敷き、その中にガマを追い込む。ガマは己《おのれ》の姿が鏡に映るのを見ておのれと驚き、たらーり、たらりと脂汗を流す。これを下の金網にてすき取り、柳の小枝をもって、三七二十一《さんしち》日の間とろーり、とろりと煮詰めたるのがこのガマの油だ。

赤いは辰砂《しんしゃ》、椰子《やし》の油、テレメンテエカにマンテエカ、金創《きんそう》には切り傷。効能は、出痔、イボ痔、はしり痔、横痃《よこね》、雁瘡《がんがさ》、その他、腫れ物一切に効く。いつもはひと貝で百文だが、今日は出張っての披露目のため、小貝を添え、ふた貝で百文だ。

まあ、ちょっとお待ち。ガマの効能はそればかりかというと、まだある。切れ物の切れ味を止めると言う。てまえ持ちいだしたるは、鈍刀《どんとう》たりと言えど、先が斬れて、元が斬れぬ、半ばが斬れぬと言う鈍《なまくら》ではない。ご覧のとおり、抜けば玉散る氷の刃だ、お立ちあい。お目の前の白紙を一枚切ってお目にかける。白紙一枚切れるときは人間の甘皮が切れるという。さあ、一枚の紙が二枚に切れる。二枚が四枚、四枚が八枚、八枚が十と六枚、十と六枚が三十と二枚。三十と二枚が六十と四枚。六十と四枚が一束と二十八枚。春は三月落花のかたち、比良の暮雪は雪降りの形だ、お立ち会い。

かほどに切れる業物《わざもの》でも、差裏《さしうら》、差表《さしおもて》へガマの油を塗るときは、白紙一枚容易に斬れぬ。さあこの通り、たたいて斬れない。押して斬れない。引いて斬れない。拭き取る時はどうかというと、鉄の一寸板もまっ二つ。触ったばかりでかように斬れる。だがお立ち会い、こんな傷は何の造作もない。ガマの油をこうして付ければ、たちどころに痛みが去って血がピタリと止まる」

2ページも使って書き出してみましたが、この長セリフ、スラスラ唱えると大体3分くらいで収まってしまうので、ちょっとラップ多めの曲を1つ覚えるくらいの気持ちで取り掛かれば、なんとかなるはずです。

私も苦戦しながら覚えてみましたが、一度頭に入ってしまうと「スラスラ唱えている自分カッコイイ！」と自分を勝手に大絶賛。最後まで上手に唱えられると、その日一日全てがうまく行くような気がして元気が出てきますので、達成感を味わいたい人にはとってもオススメです。

油断してお稽古をサボるとすぐ忘れちゃうんですけどね……。

アマチュア落語家インタビュー②

口下手克服のために落語を始めたマジメな税理士さん、今では夫婦漫才も！

麹家福助さん（税理士　アマチュア落語歴4年）&奥さま

落語を始めるまで何をしてましたか？

（福）今も現役ですが、税理士事務所で税理士の仕事をしています。落語は自分で始めるまではほとんど観たことがありませんでした。知り合いに誘われて、たまに夫婦で観に行く程度で。

（奥）まさか夫が落語を演じるほうになるとは思ってもみませんでした。

落語をはじめたきっかけは？

（福）税理士の仕事の中に、人前で喋るセミナー公演の仕事もあるのですが、税金についての話なのでどうしても堅苦しい雰囲気なってしまって。「せっかく人前で喋るならウケたい」という気持ちをずっと持っていたんです。その頃にちょうど、埼玉から都心に引っ越しをして、通勤時間が毎日2時間以上短縮できたので、家の近所にあったカルチャーセンター内の「話し方教室」に通い始めたのがきっかけです。

話し方教室？　落語じゃなくてですか？

（福）はい。まずは日テレの元アナウンサーさんが講師を務める「話し方教室」に通って、腹式呼吸や発声練習、短いスピーチなど、喋りの基礎を学びました。その教室には半年ほど通っていたのですが、いつも向かいの教室から笑い声が聞こえて来るのが気になって。それが、同じスクールで開講していた落語教室だったんです。自分と同年代くらいの人たちが、楽しそうに落語をやってる姿をみて自分もやってみたいと思った

のがきっかけでした。

実際に落語を始めてみたら？

（福）仕事が忙しくてなかなか授業には参加できなかったのですが、授業の後の飲み会には積極的に参加して、落語仲間を増やしつつ、家でこっそり稽古を進めていきました。

（奥）家での稽古は絶対に見せてくれないんですよね。私が留守の時や別の階にいる時に、コッソリやってるみたいで……。鶴の恩返しみたいに「絶対みないで」と言われているので、いつも本番までどうなるかドキドキしています。

初高座の感想は？

（福）緊張して早口になってしまったのが一番の反省点でしたね。その頃はまだ落語を「秘密の趣味」にしていたので誰も知り合いは呼ばず、知ってるお客は妻だけだったのですが、とにかく初めての時は緊張しました。でも終わったあとは、なんとかやりきった安心感と、妻の愛情あふれるダメだしで、また次もやってみようと思えました。

（奥）とにかく緊張感がひしひし伝わって来て、こっちまでハラハラしちゃいました。いつもは聞こえないような息継ぎの音が、おかしなタイミングで聞こえてきて、「腹式呼吸じゃなくて、福助呼吸になってる！」と、終わったあとでダメ出ししました（笑）


夫婦漫才をはじめたのは、どういうきっかけで？


（福）落語会の打ち上げなどに妻と一緒に参加しているうちに、落語仲間から「二人で夫婦漫才やってみなよ」と言われるようになりまして。妻も乗り気だったのでチャレンジすることになりました。

（奥）皆さんから「奥さんは落語やらないの？」と聞かれることがよくあるのですが、私はあんな長い噺覚えるのはちょっと……と思ってたんです。でも高座に上がっている夫がいつも楽しそうなので、5分くらいの漫才ならできるかなと思って。ちなみにネタは私が書いてます。

（福）夫婦漫才は落語仲間が主催するアマチュア落語会で披露しています。みんな落語をやりたい人ばかりなので、漫才とか他の芸を披露できると重宝されるんです。

（奥）漫才が楽しかったので、その後私は、傘回しや腹話術など一人でできる演芸を稽古するようになりました。夫の出演する落語会に色物さんとして出演したりと、発表の場もたくさんいただいて、楽しんでます。


落語や漫才を覚えたおかげで役立ったことは？


（福）仲間が増えたことですね。税理士の仕事をしていると、どうしても真面目な人たちとの堅い付き合いが多くなってしまうのですが、落語を通して知り合った人たちは、高座名は知っていても本名を知らなかったり、5年付き合っていても職業を知らなかったり。ユルい距離感の不思議な友達が増えたのは魅力だと思います。それから、妻と2人でできる趣味が増えたのもよかったと思います。2人で寄席に出かけたり落語のDVDを見たり。元々、映画鑑賞など共通の趣味はあったのですが、そこに落語が加わって更に夫婦の会話が増えたと思います。

（奥）夫と一緒に落語イベントに参加してるうちに、

人間関係や趣味がグッと広がったことですね。これからも新しいことにどんどんチャレンジして、夫と一緒の高座に上がり続けたいですね。

ちなみに奥様の次の野望は……？

（奥）私と同じように、夫がアマチュア落語家をやってる奥様をスカウトして、奥様漫才をやろうと計画しています。こんなふうに仲間を増やして新しい楽しいことができるのも、夫が落語を始めてくれたおかげですよね。

アマチュア落語の魅力とは？

（福）色んな師匠の落語の面白いところを継ぎ合わせて、自分なりのバージョンの噺を作って演じることができることですかね。プロの方だと、決まった師匠から習った通りにやらなくてはならないので、こんなふうに自由にはできないですからね。

落語以外の趣味は？　そこと落語のつながりは？

（福）マラソンですね。毎年フルマラソンに挑戦していて、サブ4の記録を持ってます。走りながら落語を覚える人も多いようですが、私は落語の時間と走る時間はキッチリ分けてやりたいほうです。

（奥）韓流が大好きで、韓国旅行や国際交流に力を入れています。いつか韓国語で韓流漫才を……やれたら楽しいけど、まだまだ先のことになりそうですね。

第3章　実践編

2ヶ月目の目標

仕草をつけて演じられるようになろう

2ヶ月目の1週目

上下《かみしも》を切れるようになろう

さて、最初の1ヶ月で大体、噺の流れや台詞が頭に入って、同じテンポで喋れるようになった頃かと思いますので、次のステップ。動作を入れていきましょう。

落語の動きの基本

最初に、ごくごく簡単に、落語の動きの基本を紹介します。

座布団の上に座って行なう落語の中には大きく分けて2つの動きがあります。

上下《かみしも》を切る

1人の演者が話の中の登場人物を複数名演じる時に、顔を左右交互に向けて喋る動きのこと。

仕草

扇子と手ぬぐいを使ったりしながら、飲食している様子や文字を書いたり釣りをしたりしている様子をあらわすパントマイムのような動きのこと。

落語を喋りながらその動きを入れていくことで、落語の形が完成します。

「まだ話も覚えてないのに、一気にそんなに覚えられない」

チャコ姐もスギハラさんもとっても心配そうですが、1つずつゆっくりやっていきますから、気楽についてきてくださいませ。

というわけで、2ヶ月目の**最初の1週間の目標**はコチラ！

「上下を切る」をマスターしよう！

落語は、一人の演者が2人以上の登場人物を交互に演じることで成り立ちますが、別の人たちを演じ分けるために、ご隠居さんの台詞の時は右向き、八五郎の台詞の時は左向きなど、顔の向きを右に向けたり左に向けたりすることで違う人が喋っていることを表現します。

この、**顔を左右に振って喋ることを「上下《かみしも》を切る」といいます**。

お芝居の用語で、ステージの左右のことを「上手」「下手」と呼んだりしますが、その上下という言葉からきています。

「要するに誰が右向きで誰が左向きかを勝手に決めちゃって交互に向いて喋ればいいってこと？　それなら案外難しくないかも」

1ヶ月目のお稽古をいい感じに終えたチャコ姐は自信満々のご様子です。

確かに、誰が右、誰が左向きかを決めるというところまでは合ってるのですが、実はどのキャラが右を向いて、どのキャラが左を向くか、というのには、あらかじめルールが決まっているのです。

チャコ姐もスギハラさんも面倒くさそう、という気持ちがバレバレの顔をしていますが、落語の舞台のしくみを知ってしまえば、そんなに難しいことはありません。

細かいことは気にしない、「お気楽あまらく道」ではありますが、せっかくやるなら、基本のルールは頭にいれて、押さえるところは押さえて演じたほうがカッコイイですよね？

というわけで、ごくごく簡単に、上下のルールをご紹介いたします。

上下のルール

落語の会話のシーンでの顔の向きは、ざっくり言うと、「それぞれの登場人物がどの位置から喋っているか」によって決定します。

家の中にいる大家さんと、玄関から訪ねてきた八五郎が会話をする場合、大家さんは玄関のほうを向いて喋って、八五郎は家の奥に向かって喋る、というような感じです。

「それは何となくわかるんだけど、大家さんちの間取りはどうなってるの？　玄関がどこにあって、部屋の奥がどこにあるかなんて家によっても違うし……」

スギハラさん、するどいツッコミありがとうございます。

そうなんです。間取りなんて実際の世界では場所によって、まちまちなのですが、落語の世界ではどっちが玄関でどっちが家の奥か、というのがあらかじめキッチリ決まっているのです。

次のページの図をごらんください。

私達から見て、向かって左側に歌舞伎の舞台のように花道がありますね。

実際の落語の舞台には、花道はないのですが、これが考え方のベースになります。

落語のルーツは歌舞伎にあると言われています。歌舞伎では人が登場するときは花道から登場しますよね？　それと同じように、落語の世界でも、客席から向かって左側（これを下手側といいます）に花道があって、**人が外から登場する場合は必ず花道のほうからやってくる**、という基本ルールが存在するのです。

例えば、ご隠居さんが家にいるところに、八五郎が訪ねてきてお喋りをする、というシチュエーションの場合、ご隠居さんは家の奥に座っているので花道から遠い、上手側に座っています。八五郎は花道を通って、外からやって来て隣に座った設定なので下手側に座ることになるのです。

この図のような並びでお喋りしている2人の役を演じるので、ご隠居さんの台詞を言う時は、下手側にいる、八五郎に向かって喋る設定なので右を向きます。

そして、八五郎の台詞を言うときは、上手側にいるご隠居さんに向けて喋る設定なので左を向くのです。

上手、下手という言葉、最初はちょっとややこしいですが、**自分が舞台に座った時、右手側に広がって**いる世界が「**上手**」、左側に広がっている世界が「**下手**」となります。

ちょっと余談になりますが、この上手下手がどっちだか覚える時に、私は慣れるまで両方の手にマジックで「上手」「下手」と書いて覚えていました。右利きなので、左手に書いた「上手」という文字は上手に書けて、左手に書いた「下手」という文字は下手くそに書けてしまい、何となく視覚イメージも加わって頭に入れることができました。

右利きの人は試してみるとよいかもしれません。

覚えておくと便利、ではあるのですが、上手、下手の考え方はちょっとややこしくて、つまずく可能性大なので、ごくごく簡単に言いますと、

家の奥に居る人のセリフは右側を向いて喋って、外からやってきた人のセリフは左側を向いて喋る。

これで、上下の向きは大体決まります。

最初から二人が一緒の部屋にいる場合

ここまでで、家の中にいる人と、外から来た人、のパターンは大体お分かりになったかと思いますが……、「最初から二人の人が一緒の部屋にいる場合はどうす

るの？　誰がどこに座るかなんてわかんないよね」

チャコ姐からするどい質問が飛んできましたが、実はココにもルールが存在するのです。

なんだかルールばかりでややこしい！　と思われるかもしれませんが、このパターンまでを覚えれば落語の世界の立ち位置は大体マスターできますから、もう少しお付き合いくださいませ。

先ほど、落語の舞台には上手と下手がある、とお話ししましたが、同じ空間に座っている時、誰が上手側、誰が下手側に座るかといいますと、

えらい人が上手側に座って、それより下の立場の人が下手側に座るのです。

これは、新入社員研修やマナー研修の授業でもよく取り上げられる**「席次のマナー」**と同じ考え方になります。

接待で取引先の社長さんを一番奥のいい席にお通しして、一番新米の新入社員が入り口に近い場所で注文をとったりお皿を下げたりしてちょこちょこ働く、というようなイメージです。

落語の世界でも、お殿様と家来、大家さんと町人（八つぁんや熊さん）、亭主とおかみさん、お父つぁんと子供、などなど様々な上下関係が存在します。

迷ったら、**偉い人が上手側、立場が下の人が下手側、**と覚えておきましょう！

「ボクの家……ボクより奥さんのほうが偉くて、最近では娘もボクより偉そうなんだけど……」

哀愁ただようスギハラさんですが、もしもここが江戸の世だったとしたら、スギハラさんは一家の主として、ドーンと部屋の奥に構えて女将さんを「奥や！」なんて手を叩いて呼び出したりしていたはずなのですよ。落語を演じている時くらい、現実を忘れて、江戸ルールにのっとってやってみましょう！　現実逃避モードでむしろ楽しく演じられるかもしれませんし。

金弥、
これは食して
大事ないか？
天下の美味に
ございます

ありがたいねぇ
よっ、
カカア大明神
もう…
これ一本
だけですよ

上下を切る時の角度

さて、上下を切る時の向きについては大体ご理解いただけたかと思いますが、もう一つだけ、上下を切る時に必要なポイントがあるのです。

それは、**顔を向ける時の角度**。

二人の人がお喋りをする場合、様々なシチュエーションが存在します。

二人が向き合って喋っている場合（お座敷で二人で喋る、向き合って食事をするなど）

二人が横並びで喋っている場合（釣りをしたり、芝居を見たりする場合など）

二人が縦並びで喋っている場合（カゴや荷物を担ぎながら前後で喋る場合など）

この時、実際に喋っている時のように、向かい合っているからといって顔を全く動かさないのでは2人で喋っているのかがわからなくなりますし、縦並びの様子を忠実に再現して、前の人の台詞を喋るたびにいちいち真後ろを向いて頭をブンブン振り回してしまうとなんだか忙しない様子になってしまいます。

そこで、上下を切る角度の基本ルールをご紹介。

上下の角度は、**真正面の場合にはほんのちょっと、それ以外の場合は実際の角度の2分の1にするべし。**

ほんのちょっと、という曖昧な言葉を使ってしまい大変恐縮ではありますが、名人クラスの落語家さんになると、向かい合って会話をする様子を演じる時、顔はほとんど動かさずに目線だけで演じ分けができたりするのです。ですが、さすがにそこまでの技術を初心者が持つのは難しいので、僅かに顔を傾ける。具体的に言うと、向き合って喋る2人を再現する場合には、前歯1本分くらい横を向くような意識を持つと、僅かな角度の変化を再現することができます。

釣り堀に並んでいる隣の釣り人に話しかけるなど、真横にいる人と喋る場合は、実際に顔を向ける角度は90度ですが、その半分の45度くらいを向くとちょうど

真隣を向いている、という表現ができます。

カゴを担ぐ2人の会話のなど、前の人と後ろの人が喋るような場合、前の人が後ろの人に喋る時、実際の角度は180度振り向いて喋るわけですが、半分の90度に顔を向けて喋ります。

と、ここまでで、登場人物の立っている場所や身分で上下を切る方向が違うこと、顔を向ける角度は実際のものとは違うこと、をお伝えしてきましたが、

噺を覚えながら、「えーっとご隠居さんのほうが八五郎より偉いから右向いて、さらに斜め向かいに座ってるから半分の角度で22・5度……」なんて考えながら全てのセリフを言っていたら、頭がパンクしちゃうかもしれませんので、ここはお気楽に、師匠のお知恵をお借りしましょう。

師匠が落語をやる映像を再びチェックして、同じ方向、角度を向いて喋れるように、映像を流しながら顔を傾けてお稽古をしていきましょう。

角度をざっくりと決めても視線がイマイチ定まらない、という人は、話し相手がいるという**想定の場所にぬいぐるみや段ボール箱を置いて、そこに向かって喋るというお稽古**もオススメです。

スギハラさんはこっそり娘さんの縫いぐるみを借りて、おかみさん役をクマちゃんに、旦那役をパンダさんにやってもらいながら、縫いぐるみに向かって喋るという特訓を家族に内緒でこっそり続けていたそうです。

「娘や妻に見つかったらどうしよう、ってハラハラしながら頑張ったら、短時間でマスターできたよ」

なんて笑っていましたが、これは案外いい手かもしれません。中年のおじさんが2体の縫いぐるみと喋っている姿はだいぶ痛々しい気もしますけど……。

2ヶ月目の2週目
仕草を入れてみよう

さて、2ヶ月目の2週目です。上下の向きが大体頭に入って来ましたら、次は仕草をつけていきましょう。

落語で使える小道具は、扇子と手ぬぐいのみ。この2つと身振り手振りを使って、飲んだり食べたり手紙を書いたり戦をしたり、様々なことを表現するのが「仕草」です。

噺によっては、扇子も手ぬぐいも使わないものもありますが、ご参考までに、**扇子と手ぬぐいを使った代表的な仕草をご紹介します。**

扇子の使い方あれこれ

手ぬぐいの使い方あれこれ

手ぬぐいと扇子の合わせ技の使い方あれこれ

扇子や手ぬぐいを使った仕草のほかにも、**道具は一切なし**で、湯飲みでお酒を飲んだり、お饅頭を食べたり、荷物を担いだりと様々な仕草があります。

お手本の映像をチェックしながら、師匠の声に合わせて、全く同じ動作ができるよう、一つずつ仕草を足していきましょう。

動きが入ってちょっと複雑になりますので、もし15分ぶっ通しでやるのはキツい、という方は、慣れるまでは5分ずつ、など短く区切ってやったりするのもよいかもしれません。

今月に入って初めてのカラオケでの例えになりますと、今の段階は歌えるようになった曲を聴きながら、振り付けを覚えている最中です。

動きを入れることで少し複雑になりますが、逆に台詞を覚える時に動きがあるとスンナリ入ってくる場合もありますので、**台詞の暗記にも役立つはず**！　というくらいの余裕を持ちつつ、師匠の仕草をマネしていきましょう。

2ヶ月目の3、4週目
自分を、客観的に見てみよう

仕草と上下の動きは何となく入って来た頃でしょうか？

セリフや仕草の暗記が間に合ってなくても、まだまだ大丈夫。

3週目、4週目は、師匠の映像にあわせて仕草をつける稽古を続けつつ、**その動きを自分でチェック**してみましょう。

といっても、鏡を見ながら演じると左右がわからなくなったり、自分の姿が気になって演技に集中できなくなったりしますので、ここは動画を撮影してみましょう。

立派なビデオカメラなんかはなくても、最近では携帯電話やデジカメなど、様々な電子機器に動画撮影ができる機能がついています。

お手本の映像を見ながら演じている自分を録画してみると、自分では同じようにできていると思っていても、思いがけないクセや、おかしな仕草が見えてきます。

次のチェック項目を中心に、自分の動きと師匠の動きの違いをチェックして、一つずつ修正をして、また録画してチェック。

この過程を繰り返すことで、確実に仕草や上下がグンと上手になるはずです！

映像のチェックのときのポイント

上下の角度

初心者が一番やってしまいがちなのが、上下を振る角度をつけすぎること。

自分では前歯1本分、と思っていても案外派手に左右を向いて喋っていることが多いものです。

お手本の師匠の映像と比べて、頭を派手に振りすぎていないか、チェックしてみましょう。

目線の高さ

台詞を思い出しながら喋っているためか、ついつい目線が斜め上を向いてしまうこともよくあります。目線が、目の前にいる話し相手の目を見て喋っているような高さになっているかもチェックしてみましょう。

ついつい目線が上に行く人は、ちょっとアゴを引いて喋ることを意識すると上を見る癖が落ち着きます。アゴを引いてまっすぐに、見えないご隠居さんや八五郎に話しかけるように語ってみましょう

あとは、86ページでも紹介した通り、スギハラさんのように縫いぐるみを置いて喋ってみるのもオススメの特訓方法です。

物の位置や大きさ

湯飲みを使ってお酒を飲んで床に置いて、もう1杯と手に取って……。スギハラさんの演じた「親子酒」という落語にはそんな場面がありました。そんなスギハラさんのお稽古をのぞいてみると、1回目にお酒を飲んで湯飲みを置いたのは自分の右横だったのに、再び湯呑みを持って飲む時は正面から湯飲みを取るような仕草をしていました。

目の前にないものを再現する場合でも、1つずつの

道具がここにある、という物の位置まで頭の中で想像して、丁寧に演じていきましょう。
パントマイムで窓ガラスをペタペタ触るの、やったことありますよね？　あのくらいリアルに全ての物や人が目の前にいるように演じることができればお客さんをグッと落語の世界に引きこむことができるはずです。

ついフラフラしてないか？……

自分ではいい姿勢でビシっと喋っているつもりでも、体がフラフラ揺れたりすることが、案外あるものです。せっかく落語をやるなら、正座して姿勢を正しくビシっと決めたいものですね。

いつもの癖が出ていないか？

頭をかいたり、服の裾をいじったり、ついやってしまいがちなクセが出ていないかもチェックしましょう。
他にも自分で気づいた点があれば、一つずつメモをとって、癖を修正してまた録画。

これを何度も繰り返して、少しずつ、目標とする師匠と同じ形に近づけるようにしていく、というのが2ヶ月目までにやるお稽古です。
家では声を出せない！　家族にバレたら恥ずかしい、という方には、
カラオケボックスでのお稽古がオススメです。
個室なので思い切り声も出せるし、誰にもばれずに思い切りお稽古できますよ。

アマチュア落語家インタビュー③

女子大生落語家から幼稚園の先生に！落語で子供たちの人気者！

麹家穂いくさん

（幼稚園教諭　アマチュア落語歴5年）

落語を始めるまで何をしてましたか？

普通に大学に通って、昔から夢だった保育園・幼稚園の先生になるための勉強をしてました。演技の経験は、中学の頃演劇部にいましたが、それほど目立った活躍はしていなくて、落語もちゃんと聞いたことはありませんでした。

落語をはじめたきっかけは？

大学2年の時に授業の一環で、生まれて初めてナマで落語を観たのがきっかけです。笑点メンバーの林家喜久扇さん、三遊亭幸楽さん、林家たい平さんの落語を観たんですが、「座布団一枚のスペースで扇子と手ぬぐいしか使ってないのに、あれだけの人を笑わせることができるなんて凄い！」と大感動して、すぐに「やりたい！」という気持ちになって、アマチュア落語の教室に飛び込みました。

実際にやってみたら？

とにかく噺の暗記に苦労しました。本番の直前、3日前まで覚えてなくて、自分よりも周囲の人達がハラハラしていたみたいです。

初高座の感想は？

緊張し過ぎて、本番中の記憶がないんです（笑）。でも、15分喋り続けて、終わってみると達成感でいっぱいでした。よく笑ってくれる優しいお客さんの前でやれたお陰だと思うのですが、高座を降りた瞬間から、

次は何の噺やろうかな、とすぐに次の高座のことを考えてました。誰かが言っていた「高座の楽しさは麻薬」という言葉の意味がすごくよくわかりました。あの達成感が味わいたくて続けているんだと思います。

落語を覚えたおかげで役立ったことは？

教育実習や、その後の幼稚園教諭の仕事の場で、とても役に立ってます。

大学生の時、教育実習に行った幼稚園で、実習生が一芸を披露する機会があったのですが、その場で「落語やります！」と言って先生達に披露したら、とてもインパクトを残せたようで。卒業後、ご縁があってその幼稚園に就職することができたのですが、先輩の先生たちの間で既に「落語ができる先生」というキャラが定着していたので、1年目から子供達の前で落語を披露して、保護者の方にも「落語をやる先生」と顔を覚えてもらうことができました。

子供達に落語をみせた時の反応は？

色んな小道具やセットを使って何人かで演じるお芝

居とは違って、一人で何役もの人物を演じる落語というものを子供たち（3歳～6歳）が理解してくれるかな？　と、やる前はとても不安でしたが、「狸札」という噺をやってみたら、ちゃんと場面を想像して噺の内容をわかってくれたようで、ちょっとのギャグにも大爆笑が起きたんです。子供から「先生、たのしいタヌキの話、またやってね」と言われた時は感激でした。

他に幼稚園教諭のお仕事で、落語が役立つことはありますか？

落語で学んだ「まくらでお客さんの呼吸を合わせて、自然に本題に入っていく」技術が、とても役立っています。

絵を描いたり、折り紙をするなど、活動を始める前に、落語のまくらのように活動に関係する話をすると、子供たちの心がぐっとこちらに向きます。たとえば、「今日は折り紙で紫陽花を折りましょう！」と言ってすぐにはじめるのではなく、「お庭に綺麗なお花が咲いてるから見に行こっか」と話して、本物を見た上で「じゃあ、こんなに素敵なのを折り紙で作ってみようか！」と伝えると、子供たちのやりたい！　という気持ちがどんどん湧いてきて……。落語と同じで、本題の前にいかに相手の気持ちを惹きつけるかということの大切さを日々感じ、落語の経験がとても役立っているように感じて、落語も保育につながっているんだなぁ、と思っています。

アマチュア落語の魅力とは？

好きな噺を自由に選んで演っていいところですかね。「赤めだか」という落語のドラマで、前座はやっちゃいけないネタが沢山あるというシーンを見て、アマチュアって自由でいいな、と改めて思いました。それから、私は本番前にとっても緊張しちゃうほうなんですが、そんな時「私はプロじゃないんだから失敗しても大丈夫」と開き直ることで緊張をほぐして楽しく演じることができています。そういう気楽さもアマチュアならではですよね。

ネタ選びと噺を覚える方法は？

落語を本当に全く知らない状態でスタートしている

ので、落語教室の師匠や先輩たちに「動物や子供が出てくる噺が好きなんですが、オススメありますか？」と相談して私に合うネタを一緒に考えてもらってます。ネタが決まったら、通勤時間やちょっとの空き時間にもずーっと音源を聞いて耳で覚えます。それを3ヶ月ほど繰り返すと頭の中に台詞が自然とこびりついてくれるので、本番直前の3日間でお風呂や部屋で一人でブツブツ唱えてを集中的に暗記をして、なんとか本番に間に合わせています。

落語を通して出会った人

私の通っている落語教室は、とにかく色んな職業の人が集まる場所なんです。たとえば、歯医者さん、会計士さん、社長さん、建築士さん、バスの運転手さん、グラビアアイドル、女子アナ、留学生、お水のお姉さん……、色んな職業の大人達と、学生のうちから仲良くなれたのは、とても貴重な経験だったと思います。はじめて海外留学をした時と同じくらい強烈な刺激を、日本にいながら受けることができたと思います（笑）。

その後、私も就職して、幼稚園の先生になりましたが、お仕事だけの生活だとどうしても出会う人が限られてきて、世界が広がらない気がしているので、これからも落語を通して、色んな人たちに出会っていきたいと思ってます。

第4章 実践編

3ヶ月目の目標
「いよいよ最後の1ヶ月、台本と音源から離れて猛特訓しよう！」

3ヶ月目の1、2週目
台本と音源を手放して暗記しよう

ここまでお稽古を続けてこられたら、噺は大体頭に入っているはず！

というわけで、ついにこの時がやってきました！ 本番を想定して台本と音源を手放してみましょう。暗記の過程は一番しんどいかもしれませんが、ここさえ乗り越えられれば、憧れのアマチュア落語デビューはすぐそこ！ ラストスパート、頑張っちゃいましょう！

と陽気に盛り上げてみましたが、チャコ姐もスギハラさんもまだまだテンション下がったままです。

この章まで来ると、ちょっとお稽古に**マンネリを感じてきたり**、暗記がうまくいかずに**追い詰められたような気持ちになる人**もいるかもしれません。そんな時にオススメしたいのが、**台詞の暗記と並行して発表の準備をしていくことです**。

次の章から、手ぬぐいや扇子、着物の準備や、舞台設営のあれこれについてもご紹介しますので、準備の作業でワクワクしたり緊張したりしながら、ひたすら台詞を覚えていけば、今月の終わり、つまり発表会の日には必ずやマスターできているはずなのです！

安心してください。何だかんだと言いながらも、チャコ姐もスギハラさんも本当に3ヶ月で本番に間に合いました。他のアマチュア落語家の皆さんも、上は80代から下は幼稚園児まで、皆さん3ヶ月もあれば1席覚えて人前で発表してました。

ということで、お気楽な気持ちで台本と音源を手放して台詞の暗記にチャレンジしてみましょう！
の前に、これをやっておくだけで、暗記のお気楽度がグンとアップする暗記の準備を１つご紹介します。

暗記の前にひと準備――ストーリーの概要をブロック分けして書き出す

ここまでの２ヶ月のお稽古で噺のストーリーは大体頭に入っていると思いますので、台本や音源は手放して、**お話の概要を箇条書きで書き出してみましょう。**

15分くらいの噺であれば、５～10項目くらいのブロックに区切って噺の展開がまとめられると思います。

例えば、スギハラさんがチョイスした「**親子酒**」という噺であれば

1. 父親が息子と禁酒の約束を破って、妻に１杯だけと必死になってお酒をねだる。
2. 父親、久しぶりのお酒を満喫して、妻に、もう１杯、もう１杯と酒をねだる。
3. 父親、酔っ払ってベロベロになってしまう。
4. 息子が帰ってきたと聞いて慌てる。
5. 息子が帰ってくるが、息子も酔っ払っている。
6. 酔っ払った息子と父親で親子ゲンカ。～サゲ。

大体６つのブロックで噺ができていることがわかりますね。

ブロックごとに長い短いはあるかと思いますが、長くても１ブロック３分位ずつに分けることができると思います。

15分の噺をまるごと暗記するのは大変ですが、**１ブロックずつ覚えていく**、というように小さな区切りを作って覚えれば、小さな達成感を味わいつつ確実にゴールに向かうことができちゃいます。

さらに、このようにブロック分けをしてから噺を覚えると、本番中にもしも台詞を忘れて頭が真っ白になってしまっても、どこまで話したかを思い出しやすい、というメリットもあります。

台詞が飛んでしまっても、「今はこの内容を語るブロックだから……」とそのブロックの中で台詞を思い出すことができれば、最悪そのブロックの頭から喋り直せば、大きなミスにはならずに済むのです。

さらにさらに、この噺の概要を書き出すという作業、やってみると、案外噺の内容って覚えているのね、という自信にも繋がりますので、暗記の前にぜひやってみることをオススメします。

噺の覚え方あれこれ

さて、準備運動も終わりましたのでいよいよ暗記の時間です。

受験勉強で英単語を覚えるのと同じように人それぞれで合う方法が異なりますので、向いていそうな方法を見つけて、挑戦してみてください。

ここでは、ご参考までに、いくつかメジャーな暗記方法をご紹介してみます。

①ひたすら書き写すタイプ

プロの落語家さんにも結構多い暗記方法です。

セリフを唱えながら台本を手書きで何度も書き写すことで、視覚、聴覚、触覚で噺を体に染み込ませていく、という方法です。頭の中でひたすら唱えながら書く人もいれば、声に出しながらひたすら文字にしていく人もいます。

テレビでも有名な落語会のプリンス、柳家花緑さんもご自身の本で、ひたすら紙に書き写して覚えると言っていました。

②ひたすら聴くタイプ

音源を何度も聞きながら、台詞を覚えていく、というのがこのタイプ。やり方は人それぞれですが、まずはとにかく音源を聞きこんで、頭に入ってきたら、音源なしでアタマから喋っていって、わからなくなったら音源を聞いて答え合わせ。また最初から音源なしで頭から唱えてみて……という過程を何度も繰り返して、少しずつ音源なしで喋れる時間を増やしていく方法です。

この方法の場合、台本を手元に置く必要がないので、歩きながらや、お風呂に入りながら、家事をしながら、など日常生活と並行して行なうことができるというメリットもあります。

ドラマ「タイガー&ドラゴン」の中でも、長瀬さん扮する小虎が、隅田川を歩きながら、師匠の落語をイヤフォンで聞いて、稽古するシーンがありましたよね。

歩きながら覚えると、体に一定のリズムが生まれて、テンポよく言葉が頭に入ってくる、という説や、動くことで全身の血流がよくなって脳にも酸素が行きわたって、記憶力がアップするという説もあります。なかなかセリフが入ってこない時は、歩きながらを試してみるのもよいかもしれません。

③ひたすら読むタイプ

台本を隠しながら台詞を喋っていき、つまずいたところで台本を見て、確認して少しずつ答え合わせをしながら、覚えていくのがこのタイプ。②の音声を聴いて答え合わせしていくタイプに近い覚え方ですが、学生時代に単語帳で英単語を覚えていたタイプの方にはこの方法も覚えやすいかもしれません。

台詞の暗記は、落語を覚える中でも一番大変な過程だと思いますが、とにかく何度も何度も繰り返す。これを続ければ必ず台詞は入ってきます。

立川談志師匠も「**夢の中でも落語をやるぐらいにならなきゃだめだ。とにかく反復だ、リフレインだ**」というのが口癖だったそうです。

暗記にへこたれそうになった時には、初心にかえって思い出してみてください！

カラオケで、歌詞を見なくても歌える歌は何曲ありますか？

サビだけなら歌詞を見なくても口ずさめる曲、何曲ありますか？

それらの歌の歌詞を覚えている部分の時間を合計したら、何分になりますか？

大丈夫、アマチュア落語のお仲間さんでも、下は6歳から上は80歳まで、3ヶ月本気で取り組めば、みなさん本当に1席分、暗記できてましたから。

次の章の、準備編と並行して気晴らしでもしながら取り組んでいきましょう。

3ヶ月目の3週目
台本なしで仕草や上下もつけて繰り返し演じてみよう

2週間、ひたすら暗記モードに入って、ある程度噺が頭に入ってきたころでしょうか？　まだちょっと不安という方も、**台本に頼らず演じるお稽古**を始めていきましょう。

台本を裏返した状態で、**本番と同じように正座をして扇子や手ぬぐいを置いて、喋ってみます**。

途中で台詞がわからなくなったら、すぐに台本でチェック！　と行きたくなるところですが、ここでグッとこらえて10秒間、思い出せないか記憶を掘り起こしてみましょう。そこで思い出せればそのまま次に進み、無理な場合は台本をみて確認。

こんな感じで、わからなくなってもすぐに台本を開くのではなくて、**数秒思い出す努力をしてみる**、という経験を積んでおくと、いざ本番の時に台詞が飛んでも何とか思い出してリカバリーできる可能性がグッと上がります。

とにかく何度も繰り返しながら覚えていきましょう。

それからもし、このタイミングで稽古を見てくれる家族や友人などがいるようでしたら、遠慮なく見てもらいましょう。台本を相手に預けて、「つっかえても10秒たつまで教えないで！」とお願いして協力してもらうと、一人でやるより緊張感も生まれて良いお稽古ができるはずです。

というわけで、久しぶりにチャコ姐とスギハラさんと三人でカラオケボックスに集合して、**お稽古会**を催しました。

二人とも、まだ完全ではないものの、毎日繰り返しお稽古していた様子がうかがえて、途中、台本で台詞を確認する場面も何度かはありましたが、初めて最後まで人前で演じ切ることができました！

公演まであと2週間もあります。まだ台詞がとびとびになる方も、とにかく時間の限りお稽古をして落語を体に入れ込みましょう。

大丈夫。まだまだココから覚えきれます。

3ヶ月目の4週目
着物を着て、まくらも込みで喋ることに慣れておこう

いよいよ**最後の1週間**になりました。

着物や扇子や手ぬぐいなどの準備は進んでいますか？　まくらで何を喋るかは決まりましたか？　そして、仕草や台詞は大体入ってきましたか？

まだちょっと不安という方は、とにかく時間いっぱいお稽古を続けてみてください。

というわけで、最終週の目標はこちら！

着物を着て、まくらも込みで喋ることに慣れておこう！

大抵の方はこれまでのお稽古を洋服でしていたのではないでしょうか？

着物をあまり着慣れていない人が着物を着て喋ってみると、帯が苦しくて呼吸が浅くなったり、派手に動くと着物がはだけてしまったりと、イレギュラーな問題が次々と発生します。

いつもとは違う環境に事前に慣れておいたほうが本番でもリラックスして演じることができるようになりますので、本番前に一度は当日着る予定の着物を着てお稽古をしてみることをオススメします。

そして、第7章で詳しくご紹介しますが、**落語の前に喋るフリートーク「まくら」**も落語とセットで喋る練習をしておきましょう。

本番にその日のテンションで自由に話せるよ、という方は問題ありませんが、緊張しすぎて思うように喋れず、落語の最初の台詞まで飛んでしまう。なんていう悲劇が起きないためにも、「まくらでこんな話をしたところから、落語の最初の台詞に繋がる」という繋ぎの部分だけでも、何度か繰り返し喋って頭に入れておくと、本番の日に気持ち良く最初の台詞が出てきます。

映像で最終チェックをしてみよう

本番直前になりましたが、再び動画を撮っての

チェックもやってみましょう。

着物を着てても仕草はちゃんとできているか？　大きな動きをした後で着物が着崩れていたりしないか？　なども含めて最後のおさらいをしていきましょう。

もし、撮影した映像のでき上がり具合に少し自信が持てない方がいましたら、最初の1ヶ月目に台本を読みながら録音した音源や、2ヶ月目に初めて仕草を入れて演じてみた時の映像を見直してみてください。各ステップのお稽古を着実にこなしてきたあなたなら、絶対に今の状態が一番上手に成長しているはず。

まずは、この3ヶ月で随分喋れるようになったな、と自分を大絶賛して、本番では今までで一番、楽しく演じられている自分の姿を想像しながら、本番に向かって準備をしていきましょう！


これで、3ヶ月間のお稽古は終了です。

3ヶ月間、本当にお疲れさまでした！


前日の夜や当日の朝に読んでもらいたい、本番の心と道具の準備については、9章に書いています。

たくさんお稽古を重ねてきたあなたなら、気楽に楽しく本番を迎えれること間違いナシです！

本番も楽しんでやっていきましょう！

おまけコラム
大声を出せる練習場所は？

アマチュア落語の仲間に、稽古はどこでやってるの？　という質問をしてみると、皆さんびっくりするほど色んな場所でお稽古していることが判明しました。

答えはざっくりこんな感じです。

・カラオケボックス
・車の中
・自宅
・公園
・近所の河原
・道を歩き（走り）ながら
・会社の会議室
・お風呂

・露天風呂
・サウナ
・山奥
・電車の中でブツブツ
・学校の音楽室

中でも一番回答が多かったのは、**カラオケボックス**。どれだけ大きな声で喋っても隣の部屋の爆音にかき消されて、誰にも迷惑かけずにお稽古に没頭できるので、プロの落語家さんの中にも、カラオケボックスでお稽古する人は多いそうです。

ちなみにその他の少数回答の中で、「山の中」と答えた方は、一人で登山に出かける時に、クマ除けの鈴を鳴らして歩くかわりに落語を唱えてクマを遠ざけているそうです。

そして「サウナ」と答えた方は、時計のないサウナで何分入っていたかを数えるためにひたすら「寿限無」を唱え続けるそうです。「息継ぎ含めて寿限無1回あたり12秒が持ちタイムだから5回唱えれば1分」というカウントで**50寿限無数えたら水浴びする**というルールでサウナに入っているそうです。

どこで稽古をしているかを調べていたはずなのに、クマから命を守ったり、サウナの時間を数えたり、と落語の思いがけない活用方法が判明して、なんだかとってもトクした気分になりました。

もしほかにも落語の思いがけない活用方法を、ご存知の方がいましたら、ぜひ教えていただけたら嬉しいです。

アマチュア落語家インタビュー④

地元を舞台に大活躍！　アマチュア落語歴53年の大先輩

高円寺亭　たら好さん

（乾物店店主 アマチュア落語歴53年）

現在は何をしていますか？

大学を卒業してから最近まで、高円寺の純情商店街で乾物屋の店主をしていました。現在は引退して、高円寺を中心に老人ホーム、児童館、商店街主催の寄席などに積極的に参加して落語を楽しんでいます。

落語をはじめたのはいつですか？　きっかけは？

今から53年前、12歳の時ですね。演劇部の活動の一環で当時の担任の先生に勧められて短い小噺を披露したのが初高座でした。それから、高校でも大学でも落研に入って落語を続けました。私が落語をはじめた当時は、ＣＤやＤＶＤどころかカセットテープもない時代でしたから、オープンリールやソノシート、あとは落語全集のような本を読んで落語を覚えたものですよ。

地元、高円寺を中心に活躍されて半世紀の、活動内容を教えてください

大学卒業後、実家の乾物屋を継いで、しばらく落語から離れた生活をしていたのですが、25歳の時に、今まで築いてきた落語の経験を地元に還元したいなと思い、高円寺会館（現在の、座高円寺）で、大学時代の落語仲間と地元在住のマジシャンと一緒に落語会を開催したのが最初でしたね。同級生や草野球仲間、商店街の仲間など地元の人達が１００名ほどお客さんとして集まってくれて、とても喜んでもらえました。

それからしばらくして、地元の先輩が「高円寺でプロの落語家を応援しよう」という企画を立ち上げて、プロの落語家さんの真打披露の興行にも出演したこともありました。先代の三遊亭圓楽さんも出演する会で、

同じ高座に上がれたのはとても貴重な経験でしたね。

その後は、高円寺の中華料理屋の店主が席亭（落語会の主催者）になって、そのお店で、アマチュア落語の発表会を行なう、「街で素人落語をやろう！」という企画が立ち上り、声をかけてもらって出演していました。毎年1回の発表会なのですが、20年、皆勤賞でやりました。

こんなふうに地元で長く落語をやっているうち、色々な場所からオファーをいただくようになって、活動の幅も広がって、今では年間で40席以上の、高座をやっています。

40席！　どんな場所からオファーを受けるのですか？

児童館の子供まつりや、老人会、お寺の集まりや、学校寄席など、様々な場所から声をかけてもらって発表しています。

あと少し珍しい所では、地元の日本語学校の生徒さん達に日本の文化を紹介する国際交流の場でも落語を披露しています。日本語を勉強中の色々な国の人達の前で落語を披露するのですが、「饅頭怖い」など仕草の多いネタは、とてもウケがいいんですよ。この活動ももう10年近く続けていますが、世界中の人と落語を通じて仲良くなれるのは、とても楽しいですね。

あとは、演じるだけでなく、アマチュア落語をやってみたい人向けに落語のワークショップの講師もやっています。

落語のワークショップとは？

地元の公民館の方から「働く人向けの落語のイベントをやりたい」という相談を受けたので、「落語で遊ぼう」という実践で落語に挑戦する講座を開いてみたところ、30人も落語をやりたいという人たちが集まりました。その講座は7回程で終了だったのですが、そこで一緒に落語をやったメンバーが、社会人落語のサークルを立ち上げてくれたので、今も引き続き、サークルの顧問として一緒に落語を楽しんでいます。

あとは、毎年1回、高円寺の子供たちに落語を教えるワークショップもやっています。短い小噺や落語を教えて、最終日には、高円寺演芸祭という大きなイベントの「こども寄席」というプログラムの中で発表してもらう、という講座で、こちらは落語サークルの仲間にも講師として参加してもらっています。子供たちからも好評のようで、今年でもう5年目になります。

落語をやってて良かったなと思うことは？

地元を盛り上げることに貢献できていることと、国籍や年齢問わず人間関係が大きく広がったことですね。

同年代の仲間でも、ゴルフや麻雀などいろんな趣味に打ち込んでいる人たちがいますが、趣味の世界でここまで声をかけてもらえている人はいないと思います。これも落語ならではの魅力じゃないかと思います。

何歳から始めても大丈夫なものでしょうか？

歳を取ってから始めるメリットも十分にあると思います。

プロの落語家さんでもそうですが、20代、30代のほうが喋りの勢いもよく、テクニックの活きた噺ができたりもするのですが、年齢を重ねた人には、うまく語るだけじゃない、言葉の重みや説得力がありますからね。

例えば、「厩火事」という落語で、仕事もせずに遊んでばかりの夫の不満をこぼす奥さんに、ご隠居さんが「おサキさん、そうは言ってもよぉ……」と諭す場面なんかにしても、20代の結婚もしてない若者が覚えた通りにただ喋るよりも、結婚生活ウン十年の大人が、自分の人生を重ねて喋ったほうが説得力や味が出ると思うんです。自分のこれまでの人生経験を面白おかしく語れて、何歳から始めても、その世代ならではの楽しみ方ができるのも、落語の魅力だと思います。

若い人と関わる機会も多くあって、とても楽しい世界なので、興味を持っている方は、何歳からでも落語のある人生を楽しんでほしいですね。

Ⅲ 本番に向けての準備編

第5章　本番に向けての準備編1

必要なものを準備しよう

さて、お稽古と並行して本番に向けての準備をしていきましょう。

扇子と手ぬぐい以外は3ヶ月目あたりから準備しても十分に間に合いますが、格好から入ったほうがやる気が出るという方は、いきなりここから入っていただいてももちろんOKです。

せっかくの落語デビューですから、ここもまた、楽しく気軽に始めていきましょう。

1 着物を準備しよう

早速、当日に着る着物の準備から始めましょう。

と言ってみたところ、普段から着物をよく着ていて、たくさん持っているチャコ姐からこんな質問が飛んできました。

「落語をやるときってどんな着物を着ればいいの？ 色柄とか素材とか、何かルールは存在するの？」

プロの世界の場合には、二つ目になるまで羽織や袴の着用は禁止、というルールがありますが、アマチュアの場合にはそんなルールはありません。

小学生が七五三のときの晴れ着を着ていたり、二十歳の女子が成人式のときの振袖を着ていたり、みんな賑やかに好きなように着物を楽しんでいます。

せっかくの初高座ですから、いちばん好きな着物で上がってしまって大丈夫ですよ。

なんてことを言ってみましたら、落語大好きスギハラさんからこんなご指摘が……

「でも、末廣亭とかで見るプロの落語家さんたちはみんな地味な着物着てるよね？　女の人でも紺とか茶色とか。あれは何か意味があるの？」

毎度の鋭いご質問、ありがとうございます。

地域差もあるのですが、プロの落語家さんの中でも関東圏内で活躍する「**江戸落語**」の方達は、落語をやるときあまり派手な着物を着用しません。みんな地味なのが好きなのか、というとそういうわけでもなくて、これにはちゃんと理由があるのです。

落語というのは一人で何人もの役を演じて、あたかも数人がおしゃべりしているような場面を想像させる芸なので、**演じ手自身は黒子のような存在**として、個性をあえて控えめにするために地味な着物を着る、というのが江戸落語での考えなのです。

なんて説明をしましたら、

「人前でお気に入りの着物着て目立てると思って、毎日お稽古してきたのに～」

とチャコ姐のテンションがだだ下がり。

いやいや、それでいいんですよ。

プロじゃなくてアマチュアですし。それに、「江戸落語」の場合は地味な着物の人が多いのですが、関西方面で活躍する「**上方落語**」の人たちは、原色の着物にピカピカの袴など、ド派手な衣装で楽しそうに演じてますから！

ようやくやる気を取り戻して、どの着物を着ようかとタンスの中に心が飛んで行ったチャコ姐の隣で、またもや微妙にテンション低くボヤいているのは、スギハラさん。

「そういえばボク、着物持ってなかったよ……。新しく作るには時間もお金もかかるよね……。今月、正直余裕ないんだよねぇ。洋服でやっちゃダメかなぁ」

台詞の暗記も停滞中のスギハラさんは今日も弱気モード全開です。

確かに、アマチュア落語の世界はかなりユルいので、着物を着ずにスーツでやったりする方もいるにはいます。それに、プロの落語家さんでも、柳家花緑さんがスーツを着て落語をやるテレビ番組もありましたよね。あんなふうに、スーツでやるのがカッコイイ！　という方は、それでも全くもって問題ないのですが、スギハラさん、本当は着物を着てやりたい感が全身からむんむん出ていますよ……。

準備のためのお買い物

というわけで、今日はいつものカラオケスナックを飛び出して、ちょいと街へと繰り出してみました。

出かけた先は、**高円寺にあるリサイクル着物のお店、「豆ぶどう」**さん。

こちらのお店で扱っているのはどれもお手ごろ価格のリサイクル（古着）の着物。老舗の呉服屋さんなど、ちゃんとしたお店でオーダーメイドの着物を作ると、ウン十万のお金がかかったり、完成するまでに時間がかかったりと、相当お気楽ではありませんが、リサイクル着物のお店に行けば、安いものなら着物1着3千円、帯1本千円、など洋服よりもお安いくらいのお手頃価格で一式揃えることができちゃうのです。

早速お店を物色させてもらっていると……、

「着物ってちゃんと着たことないけど、温泉の浴衣みたいに着物と帯だけ買えばいいの？　他にも何か揃えるものはある？」

とスギハラさん。たしかに、着物に馴染みのない方が着物屋さんに入ってみると、謎の紐とか、謎の布とか、枕みたいな何かとか、見たことがないような小物もたくさん売っていて、何を揃えればいいのかわからなくて戸惑ってしまいますよね。私も最初はそうでした。着物と帯だけ買えば着られるものと思ったら、他にもイロイロ必要なものがあることが判明し、しかも男女で必要なものがちょっと違ったりするからますますややこしい！

というわけで、初歩の初歩、これだけ集めれば落語をする時用の着物を着ることができますよ、という必須アイテムをご紹介！

着物を着るのに揃えるもの《男性編》

《絶対必要》

・着物
・帯
・長襦袢
・白足袋
・腰ひも×2本

《あればなおよし》

・羽織
・草履

着物を着るのにまず揃えるもの《女性編》

《絶対必要》

・着物
・帯（半幅帯、名古屋帯など帯の種類によって必要な小道具が変わってきます。ここでは一番シンプルな浴衣と同じ半幅帯を選んだ場合をご紹介します）
・長襦袢
・白足袋
・腰ひも×3本
・伊達締め×2本

《あればなおよし》

・羽織
・草履
・帯のお道具

名古屋帯や、袋帯などを使う場合は、帯枕、帯締め、帯揚げが必要です。わからない時はお店の人に「この帯の場合は何が必要ですか？」ときいてみると教えてくれるはず。

《さらに個性を出したい時は》

・半襟（着物の襟元からチラリと見える長襦袢の襟元を、レースや柄物にしてチラ見せするととってもおしゃれ）
・帯留め（ブローチや箸置きなどカワイイもので手作りするのも楽しいです）

着物を着るのに揃えるもの・男性編

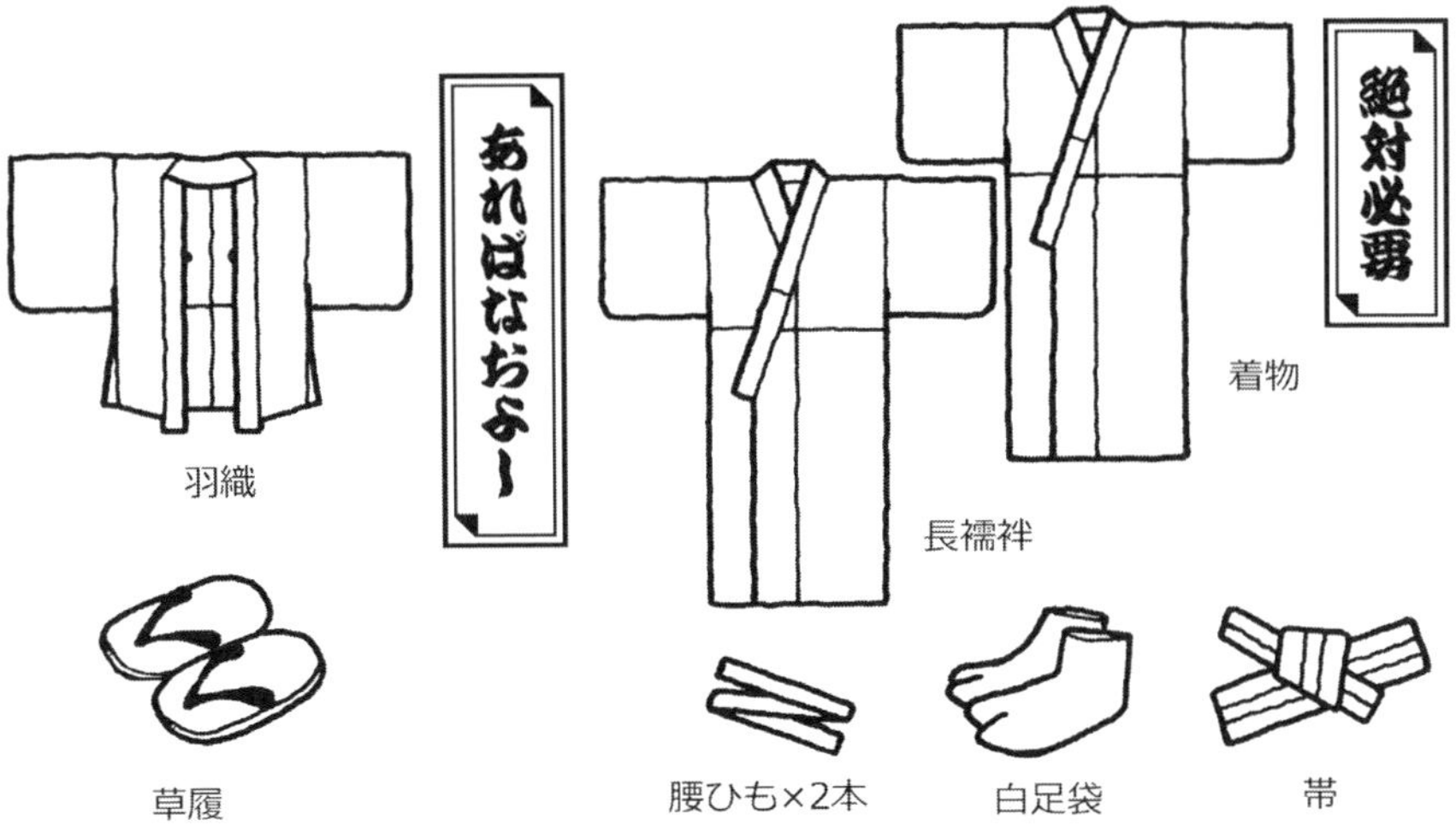

着物を着るのに揃えるもの・女性編

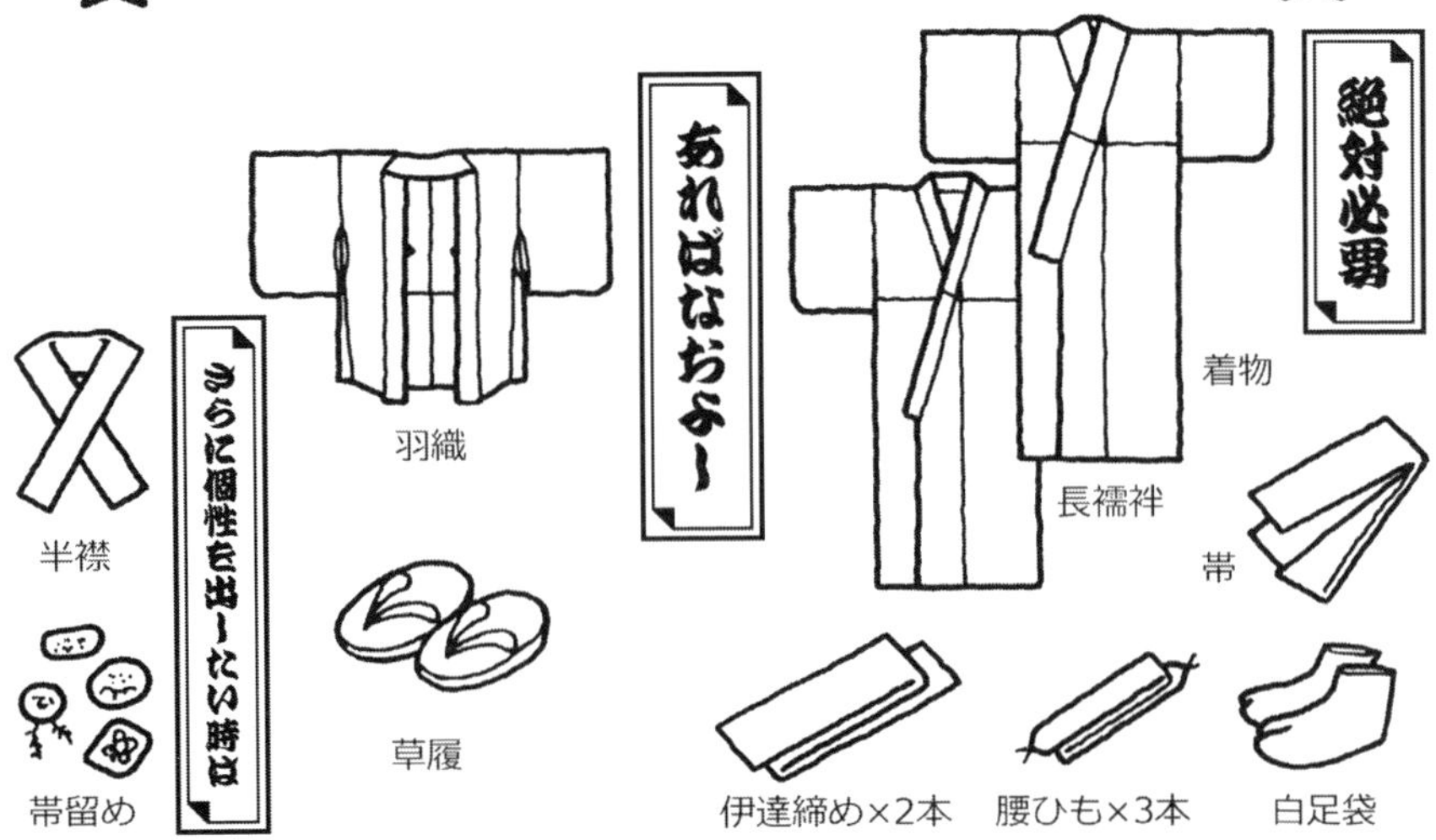

ちなみに夏場の高座や、温泉旅行の余興などの場合なら、浴衣でやっても全然ＯＫです。ただその場合、**1点ご注意**いただきたいことがあります。

それは、「白足袋」を履くこと。

裸足で高座に上がるのはマナー的にＮＧですので、足元は白い足袋を履きましょう。

1万円以内でOKでした！

そんなわけで、スギハラさんの初めての着物は、なんと一式、１万円以内で揃えることができました!!

・着物＋羽織のセット　￥３０００
・帯　￥２０００
・長襦袢　￥２０００
・白足袋　￥５００
・腰ひも　￥４００（￥２００×２本）
合計　￥７９００

「こんなに安く全身揃っちゃうんだ！　着物って案外お手軽なんだね」

初めての着物を試着してスギハラさんもテンション上がりっぱなしです。

「洋服と違ってちょっと太っても着れそうだし、いっそのこと、これからは普段着を着物にしちゃおうかな」

と素敵な着物ライフに夢を膨らませておりますが念のため……、実は、着物にもサイズというものが存在するのです。

洋服のようにＳＭＬとか9号、11号のような明確な表記はありませんが、丈と幅については買う前にしっかりチェックしておきましょう。

丈が足りないと、天才バカボンのようなツンツルテンな着こなしになってしまいますし、幅が足りないと、お腹周りがパツパツになったり、帯をしめてもちょっと動いただけでガバーっとはだけてしまいます。

リサイクル着物の場合は、特にサイズがまちまちなので、選ぶ時には軽く羽織ってお店の人にサイズを見てもらうことをオススメします。

初めての着物を１万円弱で手に入れて大満足のスギ

ハラさんでしたが、再び得意の、心配性が襲ってきたようで……

着付けを自分でやってみよう！

「今日は店長さんに着せてもらったけど、毎回落語をするたびに着付けをお願いするのは、ちょっと大変だよねぇ……落語の前に着付けを習わなくちゃいけないんじゃぁ……」

と気を揉んでいるスギハラさん。そんな時、今回おじゃましたリサイクル着物のお店「豆ぶどう」の店長さんから、超お気楽なアドバイスをいただきました。

「難しく考えなくていいんですよ～、大丈夫、着物はしょせん服です」

名言が飛び出しましたので、もう一度書いておきます。

「着物はしょせん服です」

確かに、落語にでてくる江戸の人たちはご隠居さんも熊さんも八つぁんも、それどころかおバカな与太郎さえも、当たり前のように毎日、朝目覚めたら自分で着物を着て日常を過ごしていたのです。そう考えたら、着物だってお気楽に着れちゃう気がしてきますよね。

「確かにできる気がしてきた！　けど、今日ここで着方を習っても、忘れちゃいそう。着付けの本とかを見てもなんだかピンとこないし……」

と相変わらず、自信なさげなスギハラさんに朗報です！

便利な世の中になったので、Youtubeなどインターネットの動画サイトで**「着物　着付け」「着物　帯結び方」**などの文字を入れて検索すると、とても親切に着付けの仕方を紹介している無料の動画をたくさん見ることができますよ。

そんな便利なサービスなどもご参考にしつつ、普段着のように気楽に着物を着れるように、慣れていきましょう。

大丈夫。着物はしょせん服です。Ｂｙ　柴田店長

《今回ご協力をいただいたお店の紹介》

店名　リサイクル着物処　豆ぶどう
住所　東京都高円寺北2－34－5
　　　大塚荘2号室
電話番号　03－3223－8333
営業時間　13：00～20：00
定休日　水曜日（臨時休業あり）
ホームページ　http://ameblo.jp/mamebudou/

2　手ぬぐい・扇子を準備しよう

ネタの中で使う人も使わない人も、せっかくなので、手ぬぐいと扇子は用意してみましょう。

落語の扇子は本来、高座扇と呼ばれる真っ白い扇子を使いますが、予算が厳しい人や近所に売っていない人は、なるべく地味目のものを用意してみましょう。

何故かというと……、

なんて話の途中で、チャコ姐が愛用しているという扇子を取り出しました。

「え～、これじゃダメかなぁ」

バッと広げてみると、白い扇子に真っ赤な日の丸、そこに筆文字で「日本ワッショイ」という大きな文字。

「イベントで買ったお気に入りだから、これ使ってみたいんだけど」

ということだったのですが……。

チャコ姐の選んだ「たらちね」という噺は、扇子を大きく広げて火を起こす仕草をするシーンが見せ場の一つで、とても扇子が目立つ噺なのでちょっとおすすめできないかもしれません。せっかく迫真の演技でお客さんを江戸の世界に引き込んだところで、扇子を広げて「日本ワッショイ」の文字が見えたらどうでしょう……、「ん？　日本ワッショイって何だ？」と気が散って、噺に集中できなくなったら勿体なくないですか？

なんてことを伝えてみたところ、

「じゃあ、せっかく始めるなら白い扇子が欲しいな。どこに行けば売ってるの？」

と見事な切り替え。さすがチャコ姐。というわけで翌日、チャコ姐とお買い物に出かけてみました。

扇子を準備しよう

向かった先は浅草。

プロの落語家さんもご用達の扇子の専門店「**浅草文扇堂**」に行ってみました。このお店では、**高座扇と呼ばれる落語用の真っ白い扇子**を買うことができます。白竹という竹で作った扇子が２１６０円、少し色の濃いすす竹という竹で作った扇子が３２４０円とお値段もお手頃価格。

プチセレブなチャコ姐は３２４０円のすす竹の扇子を買いました。

無事買い物を終えたチャコ姐は、早々にお店を出て飲兵衛の聖地、浅草ホッピー横丁に消えて行こうとしましたが……。

ちょいとお待ちください、チャコ姐！　このお店の素敵なところはプロ御用達の扇子が買えることだけじゃないんです！

なんとこのお店、**お願いすると扇子に自分の高座名を入れてくれる**のですよ！

しかもなんとなんと名前入れのお値段は、大サービスの０円也！

扇子の和紙の部分に手書きで高座名を書いてもらえば、落語用の自分のお道具として愛着が湧くこと間違いなし。

「ちょっと、それ早く言ってよ！　せっかくプロと同じ道具買ったんだもん、入れてもらうに決まってるでしょ！」

その場で名前を入れてもらった扇子に大興奮のチャコ姐は、ここでさらりともう1本購入。お名前は何と入れますか？　と問われると、

「読み亭売杉、でお願いします」

私も全く知らなかったのですが、この前の週は、スギハラさんはお誕生日だったそうなのです。家族も会社の人も覚えてなくて……とお店でグチっているのを聞いたチャコ姐からの誕生日プレゼント。

数日後、お店にきたスギハラさんに手わたすと、大喜びでいつもより高いボトルを入れて、たくさんお金を使っていってくれたそうです。

「自分専用の扇子も手に入ったし、お店の売上も上がったし、わざわざ浅草まで行って良かった！」

とご満悦のチャコ姐と、

「こんな嬉しい誕生日プレゼント、何年ぶりだろう」

と大感動のスギハラさん。

二人とも名前入りの扇子にテンションあげて、再び稽古に打ち込み始めたのでした。

《今回登場したお店の紹介》

店名　浅草文扇堂（雷門店）
住所　東京都台東区浅草1－20－2（雷門店）
電話　03－3841－0088
定休日　毎月20日すぎの月曜日
営業時間　10：30～18：00
高座扇のお値段　2160円（白竹）
3240円（すす竹）

※名前入れの代金は無料。その場で作業をしてくれますが、その場に職人さんがいない場合、お渡しは後日になります。（2016年4月のデータです）

手ぬぐいを準備しよう

扇子に続いて準備していただくのが手ぬぐい。これは、模様も色も好きなように選んでいただいてOK。着物の色に合わせてみたり、お気に入りの柄を見つけてみたり、好きなものを探してみてください。

最近ではちょっとおしゃれな手ぬぐい専門店もたく

さんあるので、「目黒のさんまをやるからさんま柄」とか、「長屋の花見をやるから桜模様」などなど、ネタの内容に合わせて選んでみるのもオシャレですね。

お気に入りの一枚を見つけましたら、**落語用のたたみ方をマスターしてみましょう。**

「え、たたみ方？　そんなの決まってるの？」

チャコ姐から質問が入りました。

「確かに、落語で使う手ぬぐいってみんな同じようなサイズに畳んであるよね。やっぱり決まったたたみ方があったの？」

落語大好きスギハラさんは昔から気になっていたご様子。

というわけで、丁度いいサイズに収まる落語の手ぬぐいのたたみ方をご紹介。

2つ折り、3つ折り、4つ折りと畳んで行くのですが、わからなくなったら

「**兄さん、寄ってらして♡**」と覚えましょう。

と、以前オネエキャラの落語家さんに直伝していただきました。

忘れそうになったら、オネエ口調で、

「兄さん、寄ってらして♡」です。

覚えやすいですね、はい。

扇子と手ぬぐいの置き場所、置くタイミング

さて、扇子と手ぬぐいが準備できましたら、これらを置く位置やタイミングをご紹介します。

落語大好きスギハラさん、手ぬぐいと扇子の場所のルール、ご存知ですか？

「えーっと、手ぬぐいは、着物の前に置いたり横に置いたりしていた気がするけど、扇子はひとまず前に置いてたような……」

はい、大体あってます。手ぬぐいは落語家さんによって利き手の横に置いたり、扇子と一緒に座布団の前に置いたり、特にルールは決まっていませんが、**扇子の位置、これが実はとっても重要。**

すべての落語家さんがそうしているわけではないのですが、高座に上がって座布団に腰掛けたら、**まず最初に座布団の正面に扇子を横になるように置きます。**

右利きなら右手側にでも置いたほうが便利なんじゃな

丁度いいサイズに収まる 手ぬぐいの畳み方

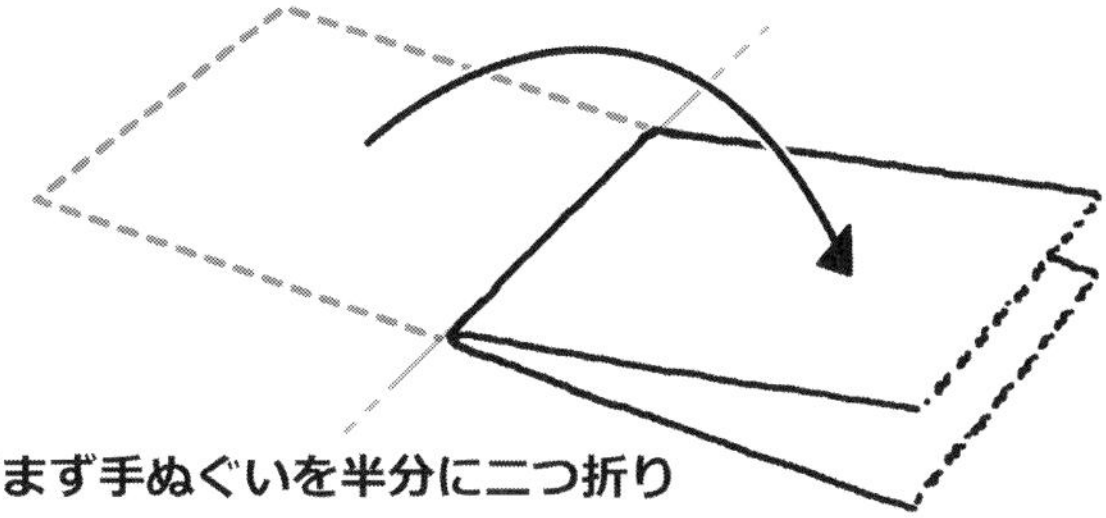

①まず手ぬぐいを半分に二つ折り

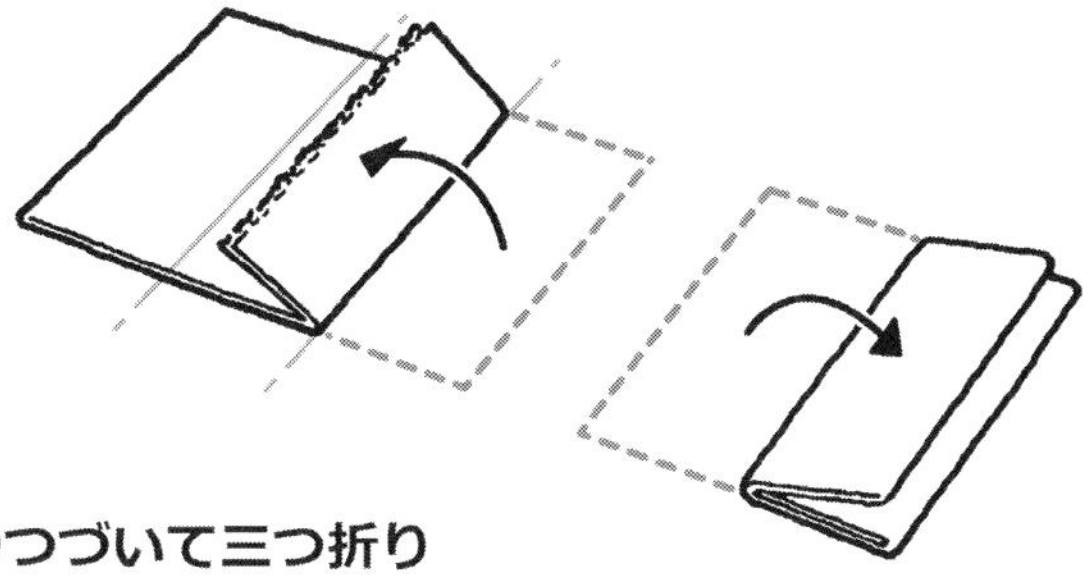

②つづいて三つ折り
手ぬぐいの両端が重なっている辺を先に畳んでから
反対側をかぶせるとボサボサが隠れてきれいに畳めます。

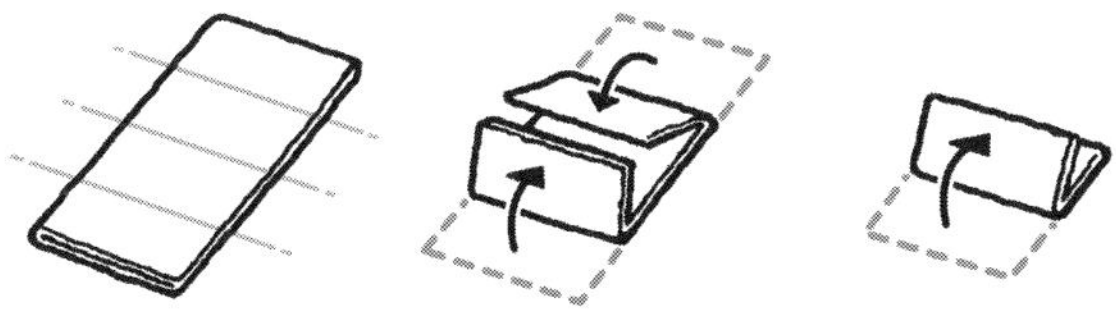

③最後に四つ折り。
両サイドから真ん中に向けて折り畳んで
最後に半分に閉じたら完成です！

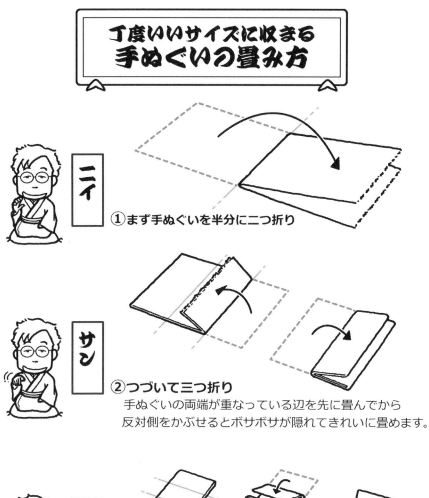

い？　と思われがちなのですが、実はこれには「**結界を張る**」というカッコイイ意味があるのです。

座布団の前に置いた扇子より手前側が、演じ手のスペース、向こう側がお客さんのスペースという区切りをつけているんです。

座布団に座って扇子を置いて、結界を作ってから、頭を下げてお辞儀をして、喋り始める。

というのが基本の動き。これも通しのお稽古の時に慣れていきましょう。

3 〝めくり〟とめくり台を作ってみよう

着々と準備を進めていますが、せっかくなので「めくり」も自分で作ってみましょう。

「めくりって何？」

早速チャコ姐から質問が入りましたが、「めくり」というのは、高座（落語の舞台）の上に高座名を掲げる紙のネームプレートのこと。

寄席文字とよばれる独特の書体で墨で描かれた「めくり」を掲げるだけで、舞台がとっても落語会っぽくなります。お時間に余裕のある方は、折角なので作ってみましょう。

めくりの作り方

プロの落語家さんが高座で使う「めくり」は、「寄席文字」という特殊な書体をマスターした人が1枚1枚手書きで作っていますが、寄席文字を書ける人を探して発注して作ってもらう、なんていちいちやるのは全くもってお気楽じゃありませんので、ここは毎度のお気楽な感じに手作りしてみちゃいましょう！

《お気楽あまらく流　めくりの作り方》

準備するもの

模造紙（四六判というサイズを縦に3等分する。大体縦110cm×横25cmくらい）

黒マジック

パソコンとプリンター（なければ図書館などにある和風フォントの本）

①パソコンのなるべく寄席文字に近いような和風のフォントで、1文字ずつ自分の高座名の文字を一番大きくプリントアウトする。

②それを、めくりの紙のサイズにギリギリ収まるようにコピー機で拡大コピー。

③ちょうど良いサイズになったら、上に模造紙を乗せてうっすら浮かぶコピーした文字をなぞって文字を埋めていく。

※プリンターやパソコンがない方は、図書館などに行くと和風フォントが色々のった本がありますので、そこから自分の高座名の文字をピックアップして、コピーをとったり模写して作ることもできます。

文字のバランスは、亭号をちょっと小さめに書いて、高座名をこれでもか！　と大きく書くと「めくり」っぽいバランスになってくれます。

そんな作業めんどくさいわー、という方は普通にお習字で作っても良いですし、マジックで書いても大丈夫。自分なりにお気に入りのめくりを作ってみましょう。

めくり台を作ってみよう

めくりができ上がったら、どうやって舞台に掲げるかも考えていきましょう。

音楽室や学校などでやる場合には、指揮者が使う譜面台のようなものに下げると高さも調節できて便利です。飲み屋のお座敷でやる場合には、椅子を借りてきて背もたれにかけるのもありです。

お客さんから見やすい位置に掲げられれば良いので、ちょうど良い場所にかけられる道具を探してみましょう。

と言いつつ、折角なので専用のめくり台を作ってみたい！　という方のために、100円ショップで買える道具4つでできる、お気楽流なめくりの作り方をご紹介！

スギハラさんとチャコ姐は発表の日が別の日程でしたので、二人で1台作ってシェアすることになったので、かかった費用は一人200円。

見た目はちょっと貧相ですが、めくり台があるとグっと舞台が本格的に見えますので、予算と時間に余裕のある方はぜひ作ってみてください。

《お気楽あまらく流 めくり台の作り方》

つっぱり棒（もしくは園芸用のポール）
クリップボード
底がメッシュになってる収納カゴ
ガムテープ（なるべく目立たない色のもの）

①収納カゴをひっくり返して床に置く。
②カゴの真ん中へんに突っ張り棒を立てる。
（グラグラする場合はガムテープで固定する）
③突っ張り棒の先にガムテープで、クリップボードを貼り付ける。
④クリップボードにめくりを挟んだら完成！

単体だとずいぶん貧相ですが、めくりを挟んで土台の部分を布などで隠してしまえば結構立派に見えちゃいます！

さらに、使わない時は収納カゴに道具を詰めてそのまま持ち運べるのでとっても便利。

他にもいろいろと手作りする方法があると思いますので、もし、「もっと素敵に作れたよ！」「もっとお安くできるのに」というご意見がありましたらぜひご一報いただけましたら嬉しいです。

4 出囃子を選んでみよう

「出囃子」というのは、落語家さんが高座にあがる時に流れる三味線と太鼓で奏でられる入場テーマ曲のことです。

プロの落語家さんは皆さん自分の出囃子を一人1曲持っています。

この出囃子、Youtubeなどのネット動画やCDなどでも音源が色々ありますので、自分の入場テーマにしたいお気に入りの1曲を探し出して準備してみましょう。

5 舞台設営をしてみよう

扇子や手ぬぐい、めくりなど高座で使う道具が揃ってきましたので、実際に落語を演じる高座の作り方もご紹介いたします。

本格的なものから、ありものを活かしたお気楽なものまで色々ありますが、まずは一番正統派の高座の仕組みはコチラ。

①屏風　あってもなくても大丈夫ですが、後ろに金の屏風などがあるととってもカッコイイ。温泉旅館など、もともと用意があるようでしたら、ぜひ出してもらいましょう。

②高座　お客さんと同じ高さの場所に座布団を置いて座ってしまうと手元の仕草が見えなくなってしまいます。ステージの上など高い場所でやる場合以外は、少しお客さんよりも高い場所に座れるように台をこしらえます。

③毛氈　高座の上に敷くフェルト地の布。赤色のものが多いけど、場所によっては紺だったり紫だったり別の色の時もあります。敷くだけでグッと落語の舞台という感じがでるので、準備できる人は用意するのがオススメ。フェルト地は高いなぁ、という人は普通の赤い布でも。

④座布団　屏風と高座と毛氈は、なければないで大丈夫ですが、座布団だけは何が何でも準備しましょう。

ここでちょっとしたマメ知識のご紹介。**座布団を置く時には、縫い目のある辺が、お客さんの正面に来ないように置くというルール**があります。その理由は、「布の切れた辺をお客さんに向けることで、お客さんとの縁が切れてしまわないように」。ちょっとした物の置き方にも、ゲンを担いだ意味が沢山あるのも、落語の粋なところですね。

②のオマケ

高座を作るのにちょうどいい台がない場合、こんなふうに手作りすることもできちゃいます。

ビールケースで作る

お蕎麦屋さんや飲み屋さんなど飲食店でやる場合、お店の人に頼んでビールケースを積めば簡単な高座を作ることができます。

高さや広さをお好みのサイズに積み重ねたら、崩れて来ないようにガムテープでしっかり固定して、毛氈か、なければ無地の布（シーツやテーブルクロスなど）をかければ、とっても素敵な高座に早変わり。

長机で作る

学校や会社、公民館など、長机がある場合には、机を並べてその上に毛氈を敷いても立派な高座ができちゃいます。

ひとまず座布団を置くスペースがあれば、できるのが落語のお気楽なところですので、あまり難しく考えずに、お客さんに見やすい高さで落語をやれる場所を自由に作ってみてください。

居酒屋のお座敷で発表したスギハラさんは、お店の人にビールケースを用意してもらって立派な高座を作ったようですが、友達の家で発表したチャコ姐はソファーの上に座布団を乗っけて発表したそうです。

みなさんも、ぜひ、自由に場所を見つけてオリジナルの高座を作ってみてください。

座布団の前に扇子を横に置く行為を
「結界を張る」という

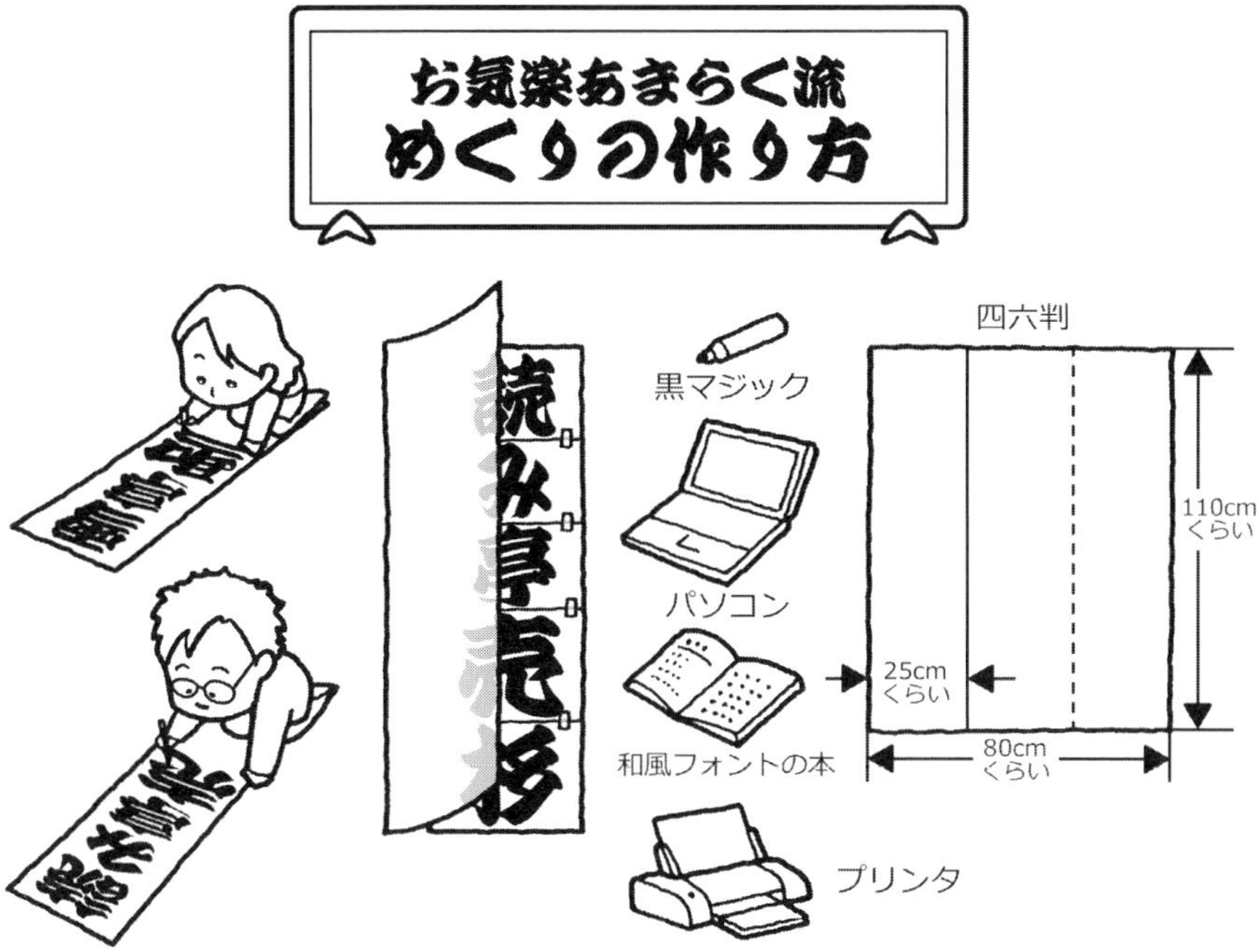
お気楽あまらく流
めくりの作り方
四六判
黒マジック
パソコン
和風フォントの本
プリンタ
110cm
くらい
25cm
くらい
80cm
くらい

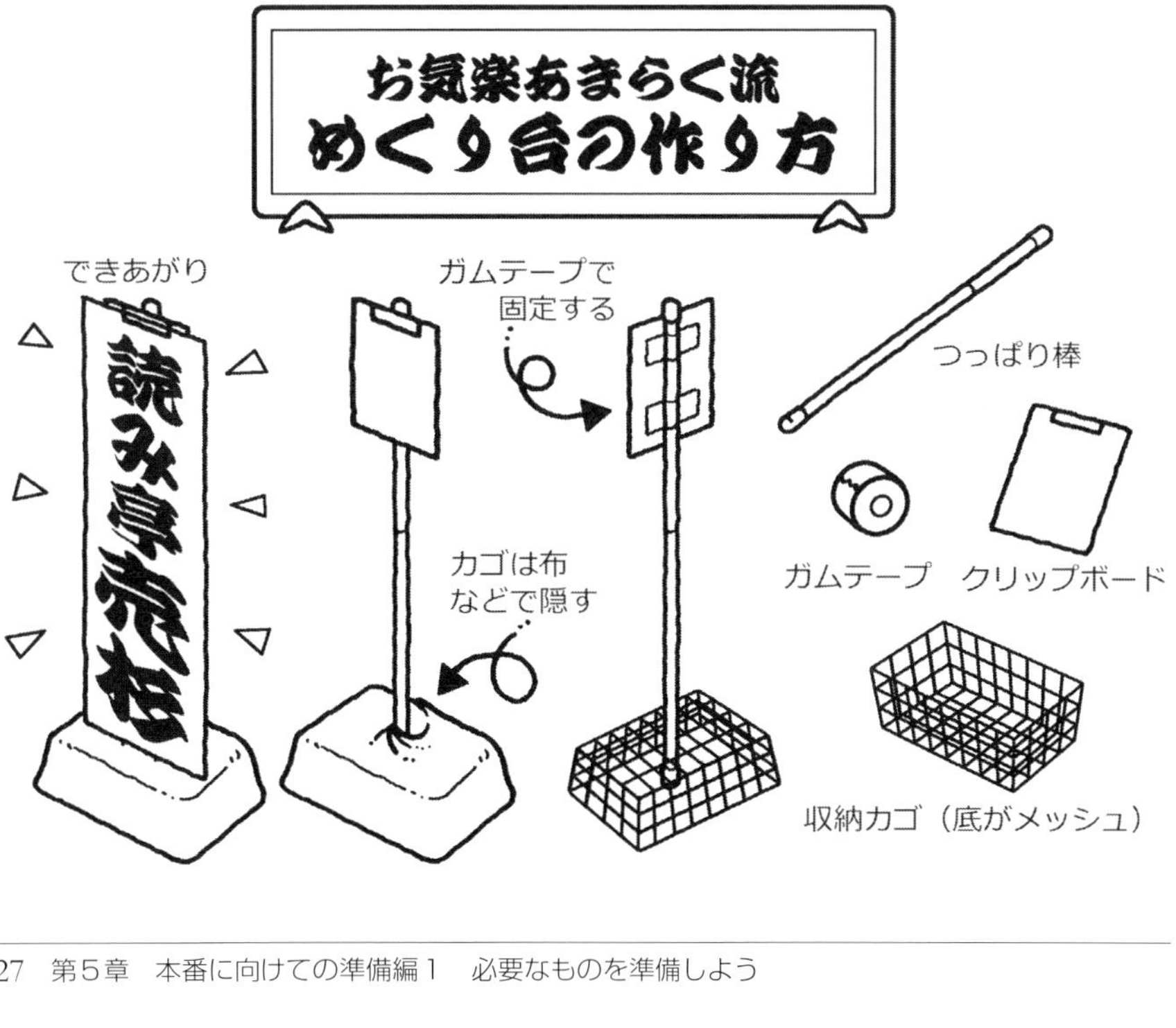
お気楽あまらく流
めくり台の作り方
できあがり
ガムテープで
固定する
カゴは布
などで隠す
つっぱり棒
ガムテープ
クリップボード
収納カゴ（底がメッシュ）

第6章　本番に向けての準備編2

「まくら」を考えてみよう

1章でもチラリとご説明をしましたが、落語には、本体の落語のパーツを語り出す前に**必ず「まくら」と呼ばれるフリートークの時間**があります。

プロの落語家さんの場合は、その日のお客さんの顔を見てその場で思いついたことを喋ったりすることも多いのですが、初めて人前で落語をやる時に、そんなに上手いこと喋るのはかなりハードルが高いと思います。そこで、どんな話をしてから落語に入るかをあらかじめ考えて簡単にまとめておく、というのがこの章の目標です。

なんで「まくら」が必要なのか

「フリートークって、天気の話とか、久しぶりじゃないですかぁ、忙しかったんですかぁ？　とかそういう感じの？」

チャコ姐、それはスナックのお客さんが来たときの接客トークのやつですね……。

近いような、遠いような……、と考えたところで、かなりお久しぶりに、カラオケの例え話が浮かびましたので、ご紹介してみましょう。

例えば、ある日カラオケスナックにスギハラさんがやってきて、何の前触れもなく、突然もの凄いテンションで大号泣しながら失恋ソングを熱唱し出したとしたら、一瞬ポカーンってなりますよね。熱唱すればするほどに、「これ、私たち聴いてていいのかな？盛り上げるべき？　そっとしとくべき？」とリアクションに困ったりしますよね。

でも、お店に入ってきて、軽く世間話なんかをしてから、「実はボクまた好きな女の子にフラれちゃって……。彼女はこんな子で、こんなことがあって、今度こそ絶対イケると思ったんだけど……」なんて話をしてから、「今からボクの心の叫び、聞いてくれる？」とか言って、泣きながら熱唱してくれたら、「辛かったんだなぁ」とか「よっぽど彼女のこと好きだったんだなぁ」とか想像しながらいつもより少しは親身になって聴いてあげよう、って気持ちになりますよね。

「ちょっと、また振られてって何だよ？『また』って！」

あ、スギハラさんいたんですね。すみません。想像で何となく……。

でも、失恋ソングの例はアレですけど、会社のグチを散々こぼしてからスギハラさんが熱唱する長渕剛の「ろくなもんじゃねえ」には、いつも本当に胸を打たれちゃうんですよ。

普通に聞くとただのカラオケかもしれないけど、その前に切実なグチを聞いてから怨念のこもった熱唱を聴くと、グッとくる度が全然違う！

落語もそれと同じで、いきなり落語の本題から語るよりも、その噺に結びつくような軽いお喋りを少ししてから本題に入ったほうが、お客さんも興味を持って聴くことができるのです。

というわけで、お稽古中の噺をお客さんにスンナリ気持ち良く聞き始めてもらうための、まくらを考えてみましょう。

まくらの内容はざっくり分けて2種類に分けることができます。

1　身近な話題からネタに入る場合

これから語る落語の内容にさらりと結びつくような、演じ手の身近な日常の話題を語るのがこのパターン。落語に馴染みのないお客さんにも、親しみを持って落語を聴いてもらえるように、自分の身近な話題を面白おかしく語りながら本題の落語につなげます。

発表する落語のネタの概要をざっくり書き起こしてみると、まくらのヒントになる要素が出てきます。そこから連想できる自分の日常の話を探してみると、簡単に喋るネタができ上がります。

たとえば……

例1　**生意気で口達者な子供が出てくる噺**（桃太郎・真田小僧・初天神など）の場合

↓子供が生意気ざかりでこんなこと言われちゃいました、という日常の話題から

「落語の世界のほうにもそんな口達者な子供が出てくる噺がございまして……」

と繋げて本題の落語に入ってみたり。

例2　**粗忽者が出てくる噺**（粗忽の釘、堀ノ内など）の場合

↓最近こんな失敗をしちゃいまして、もしくは身近にこんなドジな人がいて、という話題から、

「そんな私よりもそそっかしいやつらが、落語の世界のほうにも大勢おりまして……」

と繋げて本題の落語に入ってみたり。

例3　**動物が出てくる噺**（狸札、狸賽、元犬など）の場合

↓うちのペットが可愛くて、というペット自慢や、動物園にいったらこんな可愛い動物がいて……というような話題から

「落語のほうにもこんな可愛い動物の出てくる噺がございまして……」

と繋げて本題の落語に入ってみたり。

例4　**酒呑みの噺**（親子酒、替わり目、蝦蟇の油など）の場合

↓最近やったお酒の失敗の噺で自虐的に盛り上がってみつつ

「落語のほうでも、お酒で失敗するやつはたくさんいるようで……」

と繋げて本題の落語に入ってみたり。

「お酒の失敗談なら江戸っ子に負ける気がしないよ！なんだか面白いまくらが作れそうな気がする！」

スギハラさんは、俄然やる気になってきましたが、チャコ姐は、

「でも、自虐ネタで笑いをとるのもいいけど、私は

せっかくオシャレな着物をきて喋るなら、ちょっと粋で知的な感じにやってみたいなぁ」
お稽古がうまく進み過ぎて、タカラジェンヌのような素敵なアドリブまで加えてカッコよく演じ始めたチャコ姐からこんなリクエストがありましたので、もう1パターンのご紹介。

2 江戸の文化や風習の紹介からネタに入る場合

現代では馴染みがないけれど、江戸時代にはこんな文化があって、とか、こんな道具を使っていて、というような、これから喋る落語の世界での常識を事前にお客さんに説明して、理解してもらってから本題に入るのがこのパターン。
事前に説明しないとわからないような言葉や風習が出てくる時にはこの形で説明をしてあげると、聞いているお客さんも、ちょっと江戸の文化に詳しくなって満足してくれるかもしれません。
たとえば……

例1　現代だと男たちの溜まり場といえば、居酒屋やスナックなど色々ありますが、江戸時代、男たちの溜まり場で情報交換の場所といえば床屋さんでした、という江戸の文化の紹介から、江戸の若い男連中が床屋で無駄話ばかりをしている「浮世床」のネタに入ってみたり。

例2　夏場に花火があがると「た～まや～」という掛け声をかけるけれど、その語源は、江戸時代まで遡ります。江戸の夏の風物詩といえば隅田川の上にあがる花火。江戸の人々で橋の上はごった返して……というような花火の話題から、「た～まや～」の由来を語る「たがや」というネタに入ってみたり。

チャコ姐のやる噺「**たらちね**」の場合ですと、大家さんが長屋に住んでる八五郎に言葉の丁寧過ぎるお嫁さんを紹介する噺だから、お見合いが庶民の間に広がったのは、江戸時代からなんですよ、なんていうマメ知識から入るのもアリですね。

大体はこの2つのパターンでいけますが、もしも演じる時間に余裕がある場合には、**高座名の由来を語ってみたりする**のもオススメです。

突然、「どうも、読み亭売れ杉です」と名乗るだけだと、初めてその名前を聞いたお客さんは「何だろうその名前」、と疑問を抱いてモヤモヤしたままになりますが、

「実は出版社の編集マンをやっているので、みんなが読みてえ本を作って売れすぎちゃったらいいなと期待して。あと、本名がスギハラというので、苗字の杉の字をとって」

なんて自己紹介をして、さらに「そんなボクはお酒が大好きで、飲みすぎてついこんな失敗をしちゃうんです」という自虐ネタで笑いをとって、お酒で失敗する親子の噺「**親子酒**」をやれば、

「出版社に勤めるスギハラさんはお酒が大好き」というところまでをお客さんにすんなり覚えてもらえますよ。

人にもよりますが、まくらはその人の語り口で自由に喋っていいフリートークの時間なので、台本を書いてガチガチに暗記する、というよりは、箇条書きでこんなことを喋るぞ、というメモを頭の中に覚えておいて、自由に喋るくらいの気楽さで楽しんでも大丈夫。

たとえばスギハラさんの場合なら、

・読み亭売杉の高座名の紹介
・お酒が大好きです、という自己紹介
・先日もこんな失敗しました（寝過ごして高尾山にいました、隣の家に帰って奥さんに太ったねといって殴られました）
・落語の世界にも失敗してもお酒をやめられないこんな親子がおりまして……
・親子酒

といった感じに簡単にメモを作って、あとは普段スナックでチャコ姐たちとおしゃべりするくらいの気楽な感じで喋ればいいんです。

まくらはあくまでおまけの時間ですから、その場の空気に慣れながら気楽におしゃべりするような気持ちで、気楽に考えておきましょう。

おまけコラム

落語の世界の愛されおバカキャラ、与太郎の小噺

落語に出てくるキャラクターの中でも最も異彩を放つ強烈なキャラといえば「与太郎」ではないでしょうか？

常人の想像をはるかに超えた思考回路で繰り出すバカっぷりと、バカだけど憎めない大らかな可愛らしさ。志村けんさん、いかりや長介さんが演じる「バカ兄弟」というコントのキャラクターも与太郎を現代版にアレンジしたものだと言われています。

そんな与太郎のバカ加減が存分にうかがえる小噺というのが存在します。

1席やるほど時間はないけど落語っぽいものを披露したいときなどにも使えて、落語の滑稽な魅力を短い時間で伝えることができる小噺をご紹介いたします。

《兄弟で馬鹿な与太郎の小噺》

「兄《あ》んちゃぁん、兄んちゃぁん」

「なんだ与太郎ぉ」

「兄んちゃん、一年てぇなあ十三ヶ月だなぁ」

「なんで」

「一月、二月……十一月、十二月、お正月だぁ」

「バカー！　お盆が抜けてらぁ」

《親子で馬鹿な与太郎の小噺》

「おい、与太郎ぉ、与太郎ぉ。お前、屋根ぇ上がって物干し竿なんか振り回してなにやってんだぁ」

「なんだ、兄んちゃんかぁ。あたいね、お空でキラキラ光ってるあれを落とそうと思ってさぁ」

「バカー！　そんなもんで落ちるか！　もう一本継ぎ足せ！」

兄弟揃って屋根上がってきゃぁきゃぁやってますと親父が出てまいります。

「せがれ、せがれ、お前ぇら二人そんなとこで何やってんだ」

「あぁ、お父っつぁんか、あたいたち、お空でキラキラ光ってるあれを落とそうと思ってさぁ」

「バカー！　ありゃぁ落ちねえんだ！」

「えー、作りつけになってんのかぁ？　お父っつぁん、ありゃぁなんなんだい」

「よく覚えとけ、あれは雨の降る穴だ」

《一家揃って馬鹿な与太郎の小噺》

「兄んちゃぁん、兄んちゃぁん」

「なんだ与太郎ぉ」

「兄んちゃん、来年の正月とお盆はどっちが先に来るかなあ」

「うーん、正月が先に来ることもあれば、お盆が先に来ることもあるなぁ。なぁ、お父っつぁん」

「バカー！　そんなこたぁ来年になってみるまでわかるか！」

　それを見ていたおっ母さんが、

「まぁうちの人は頼りになるねぇ」


　与太郎の出てくる噺は大半が滑稽噺なので、自分なりの与太郎をマスターしてウケてしまうと、もっと色んな与太郎の噺をやりたくなること間違いナシです。

　愛しいほどにおバカな与太郎を、もっとたっぷり演じてみたくなったら、**与太郎がたっぷり登場する噺**を1席覚えてみるのも良いでしょう。**「牛ほめ」「かぼちゃ屋」「道具屋」「大工調べ」「金明竹」**などいろいろありますので、チャレンジしてみてください。

第7章　本番に向けての準備編3

いよいよ本番！　直前の確認事項や心の準備

発表の前日にこのページを読んでくださっている方がいましたら、それだけでももう大絶賛です。３ヶ月間のお気楽あまらく道、大変お疲れ様でした！

本番を目前に、少し緊張したり不安になったりしている頃かもしれない皆さんに、皆さんよりもアマチュア落語歴がちょっとだけ先輩の、スギハラさんとチャコ姐からの励ましコメントをお届けしてみます。

「ボクでもいくつか失敗はしたけど、やってみたら案外楽しくできたから大丈夫。この本のやり方で、同じようにお気楽に稽古をしてきたあなたなら絶対楽しくできますすよ」

「私も、15分もみんなが私のことだけ見てくれて気持ち良かった〜。カラオケ歌い終えたあとの30倍は達成感あったかも！」

随分と楽しい初高座だったようで、余裕たっぷりの元気が出るコメントをいただくことができましたが、これだけ余裕な発言ができるのは、スギハラさんもチャコ姐も無事、初高座を終えてから、お話ししてくれたからなんですよね。

実際のところ、２人とも本番直前はとってもとっても緊張して、面白いくらいにガチガチになっておりました。

スギハラさんは緊張しすぎて朝から電車を降りそびれたそうですし、いつも着物を着慣れてるはずのチャコ姐も着物を左右逆に着付けて（死んだ人の着方で）会場入りしてしまったそうです。

というわけで、ここまできたらもう、あまりややこしいことを詰め込むよりも、ざっくりと必要なことをお伝えしたほうがよいと思いますので、前日と当日本番までにやっておくとよいことをごくごく簡単に、ご紹介しておきましょう。

《前日までにやっておくこと》

着物と道具の最終確認

当日になって足りないものがあると、慌ててしまいますので、しっかり準備しておきましょう。

着物は特に紐や足袋などちょっとしたものを忘れがちなので、114ページの着付けに必要なものリストなどを確認しながらチェックしておきましょう。

扇子と手ぬぐいも必須です。手拭いはおかしなシワがつかないように前日から畳んでおくとよいでしょう。畳み方は「兄さん、寄ってらして♡」ですよ。

前日の準備は以上です。

難しいことは特に言いません。扇子と手ぬぐいと着物があれば、何とかなりますから、あとはお気楽に、この3ヶ月間聞き続けた師匠の落語の音源でも聞きながら、本番でも同じように喋れるよう、イメージトレーニングなどをしながら過ごしていきましょう。

あ、スギハラさんみたいに緊張をごまかすためにお酒をいっぱい飲むのはあまりオススメしませんよ。スギハラさんは、前日にガチガチに緊張した様子でチャコ姐のお店に飲みに行ったのだけど、「今日我慢して、終わってから飲むビールは美味しいでしょうねぇ」とチャコ姐に言われて烏龍茶を飲んで帰ったそうです。

「チャコちゃんが止めてくれたお陰で、大好きなお酒を我慢するお父さんの芝居がいつもよりリアルにできた気がするよ。終わってからのビールも美味しかったし、あの時我慢してよかったー」

とスギハラさんも言っておりました。

《当日の準備》

さて、いよいよ当日の準備です。

こちらもあくまでざっくりと、本番前にやっておいたほうがよいことをご紹介しておきます。

本番前に一度、高座に座ってみる。

実際に高座に上がってみると、「案外お客さんが近いな」と距離感が掴めたり、「この台は派手に動くとギシギシするな、気をつけよう」など、心の準備をすることができますので、できる限り一度は高座に上がって、軽く喋ったり動いたりしてみましょう。
もし時間があれば、次のページでご紹介する、高座に上がってから降りるまでの流れも確認しておくとより良いでしょう。

発声練習

人前に出て突然喋り出すと、案外舌が回らなかったり、いつものように喋れなくなることもあるかもしれません。
こんな時は61ページの早口言葉や、寿限無を唱えて準備をしてみましょう。

通しで1回は喋ってみる

本番前に1回は通しで喋っておくと良いでしょう。
ここで張り切ってお稽古しすぎると本番に声がでなくなることもあるので、やり過ぎずにほどほどのテンションを残しておきましょう。

《高座に上がってから降りるまでの流れの確認》

さて、いよいよ高座に！　の前に、高座に上がってから降りてくるまでの一連の流れも確認しておきましょう。大まかな流れはこちらの通りです。

①出囃子を流す

できれば誰かに再生と停止ボタンを押すのを協力してもらいましょう。

②高座に上がる

出囃子が流れ始めたら高座に上がって着物の裾を整えて座布団の上に正座します。

③扇子と手拭いを置く

扇子の位置は座布団の真正面。横向きに置いて、お客さんと演じ手の間に結界を張ります。

④お辞儀

座布団の前に両手を揃えてゆっくり深々と頭を下げましょう。

頭をあげたタイミングくらいで、出囃子を止めてもらいましょう。

⑤まくら〜落語へ

ここまできたら、楽しんで元気に喋るのみ！

⑥終わりのお辞儀

話し終えたら、また両手を正面について深く頭を下げましょう。

⑦次の演者がいる場合は、座布団を裏返して、めくりを次の人の名前までめくって、下がりましょう。

（マメ知識：座布団を裏返すことを、**高座返し**といいます）

一通りの流れはこんな感じです。

と、ご紹介をしてみましたら、本番を直前に控えたスギハラさんはガチガチに緊張しながら、何度も高座での流れを確認していましたが、まだ数日の余裕があるチャコ姐からこんな質問がでました。

「そういえば、羽織も着てみようと思ってるんだけど、プロの落語家さんっていつの間にか羽織、脱いでるんだよね。暑くなったら脱ぐってことでいいの？」

羽織を脱ぐタイミング。これも実は決まっているのです。

まくらが終わって落語に入るタイミングで、**ここからが落語の本編ですよ、の合図として羽織を脱ぐ、というのが正しいタイミング**。羽織を着て演じる方は、脱ぐタイミングの練習もしておくといいでしょう。

「ちょっと、それもっと早く教えてよぉ……、今から練習しても脱ぐの忘れちゃいそうだし、せっかく羽織も買ったけど着るのやめようかなぁ……」

ガチガチ緊張モードのスギハラさんからまたもや弱気発言が飛び出しました。

「本番になったら頭真っ白になるかもしれないし、脱ぎ忘れたらトチったなって思われちゃうよね……」

毎度のしょんぼり加減のスギハラさんですが、そんなちょっとの失敗は、初めての高座ではよくあることですから大丈夫。

そもそもチャコ姐もスギハラさんも、どのタイミングで羽織を脱ぐのが正解か、今日知ったくらいですよね？　観てるお客さんの中に、この情報を知ってる人どのくらい居そうですか？　もし知ってるような落語ツウな人がいたとしたら、初めての高座は緊張するってことくらいはご存知だと思うので、失敗してもそれはそれで優しく見守ってくれると思います。とにかく気楽に座布団の上に座って喋ってくればいいのですよ。

「そうは言っても……今さらだけど、気楽になんて……」

スギハラさん、心配になっちゃうくらいに弱気になっておりますが、大丈夫、多少ヘタでもしくじっても、お金とって観てもらってる訳じゃないんですから。

「でも、無駄な時間過ごさせやがってバカヤロー！って叱られたらどうしよう。だって、ボクが披露するの会社の社長だよ」

手に負えないほどの弱気ぶりですが、相手が社長ということなら、上手にやることだけが良いこととは言えないかもしれませんよ。

スベってもしくじっても、楽しそうに最後まで喋り通すスギハラさんの姿を観たら、

「こいつ案外ハートが強いやつだな。もう少し大きい仕事任せてみようかな」

ってなるかもしれないじゃないですか？

「スベること前提で進めないでよ！　ウケるかもしれないじゃない」

ようやく本音が出ましたね。

まぁ、スベるかウケるかはわかりませんが、とにかく最初の目的通り、うまい下手は別として、**とにかく楽しくやればいいんです**。

下手でも開き直って楽しくやればいいんです。だってアマチュアなのですから。

うまい落語を聞きたい人は、プロの落語を観にいけばいいんです。

そのくらい開き直って、まずは自分が思い切り楽しんでやってみましょう。

ここまできたら、最後まで喋り終えて高座を降りた時のなんとも言えない達成感と、終わったあとのビールの美味しさを思い描いて突き進んでみてください！

お酒を飲まない人は、ケーキでも焼肉でもお寿司でも、とにかく3ヶ月間のご褒美を準備して臨めば、結果はどうあれ、終わった後には確実に楽しい時間を過ごせることは間違いありません！

と、目の前にご褒美をぶら下げて励ましてみても不安になってしまう方もいるかもしれません。そんな時は久しぶりのご登場、**やる気スイッチを活用**してみましょう。3ヶ月前、一番最初に台本を読んで録音したテープと聞き比べてみたら、確実にスゴい進歩をしているのを実感できるはずなのです！

いつものカラオケを歌う時くらいの気楽さで、とにかく楽しくやってみてください。

初高座の成功、お祈りしております。

あとがき

３ヶ月のお付き合い、ありがとうございました。

満足いく初高座を終えることができた方も、ちょっと納得できなかった方も、少しでも「これは楽しいかも」と思っていただけたなら、とても嬉しいです。

その後、落語の楽しさに目覚めたチャコ姐とスギハラさんは、チャコ姐の働くスナックに友達を集めて定期的に落語を発表する「二人会」を開いて楽しんでいるようです。

一人で覚えて一人で発表できちゃうところも、アマチュア落語のお気楽な魅力の一つではありますが、こんなふうに仲間を作って一緒に活動すると、より一層落語の面白さに気づくことができてオススメです。

まだ一緒にやる仲間がいないよ、という方はこの本を強制的に押し付けて落語仲間を増やすもよし（とこっそり宣伝活動）、インターネットなどで社会人落語のサークルを探して、誰かと一緒に活動してみるのも、グンと世界が広がって楽しい経験ができるかもしれません。

私もアマチュア落語の教室を卒業してからは、インターネットで調べた近所の社会人落語のサークルに入って、老人ホームや区民センター、行きつけの飲み屋さんなど様々な場所で幅広い世代のアマチュア落語仲間と一緒に落語を披露して楽しくアマチュア落語ライフを満喫しています。

知らない人だらけのサークルに入るなんて、敷居が高くてお気楽じゃなさそう、と思われる方もいるかもしれませんが、「アマチュア落語をやってる人」という共通点があるだけで、びっくりするほど気楽に仲間を増やすことができますよ。

目立ちたがり屋のくせに超絶人見知りで、合コンなど初対面の人との飲み会では上手に喋れない私も、「アマチュア落語をやってる人」という括りで集まった人達の飲み会ではびっくりするほど話すネタがあって、会話が弾みます。たとえば……

・高座名の由来って何？
・持ちネタは何がある？
・好きな落語家は？
・これから覚えてみたいネタは？
・今までどんな場所で演ったことある？

こんなテーマで話をするだけで、2時間くらいの飲み会ならあっという間に時間が過ぎます。インタビューのコーナーでもご紹介した通り、アマチュア落語をやってる人は年齢、性別、職業も本当に手広くバラバラなので、普段だったら絶対に友達にならなそうな人たちと仲良くなれるのも魅力の一つです。

それからもう一つ、落語を始めて良かったなぁと思うことが、一番やっかいと思っていた台詞の暗記の中にありました。

もうひとつ「あまらく」の効用

アマチュア落語を始めた当初、私は毎日上司に怒られてばかりのダメＯＬとして、そこそこ退屈な日々を送っておりました。毎日の通勤電車の中や、駅から会社に向かう道すがら、頭の中では「会社いきたくないなぁ、今日の仕事うまくいくか心配だなぁ」なんてことをエンドレスでグルグル考えて憂鬱になり、仕事を終えて家に帰る途中では、仕事でやった失敗のことや、上司に怒られたことを思い出してモヤモヤしながら歩いたのですが（いよいよ不できなＯＬだったのですね、コレが……）、「○月までにこの噺を覚えるぞ！」という目的に向かってひたすら落語を聞いて口ずさんでを繰り返しているうちに、通勤時間の会社イヤイヤ病がなくなって、少しずつ噺を覚えていく過程が嬉しくてニヤニヤしながら会社に通えるようになりました。

演じる人それぞれで、落語の楽しみ方や得られるものは違うと思いますが、とにかく1席覚えて、演じきることができた後には、新しい噺を覚えたくてウズウズしてるんじゃないでしょうか？

1席覚えて演じきったアナタなら、もう1席覚えるなんてラクショーなはずなのです！

この調子で3ヶ月で1席覚えていけば1年で4席！

憧れの独演会ができちゃう日も遠くはないのです！

最後までお読みくださり、ありがとうございます。

アマチュア落語の舞台のどこかで、お会いすることができる日がきましたら、気楽に声をかけてくださいね。「お気楽あまらく道」の本、読んだよ！　と。


室岡ヨシミコ（高座名：えぞ家 ちゃう姫）

著者……室岡ヨシミコ（むろおか・よしみこ）
北海道出身。脚本家、小説家。
バラエティ番組AD、カフェ店員、水商売、OLなど様々な仕事を経験ながらシナリオを学ぶ。映像シナリオの他、ゲームシナリオ等も手がける。2014年、深大寺恋物語にて審査員特別賞、2014年、函館港イルミナシオン映画祭・シナリオ大賞グランプリなどの受賞歴がある。
URL:http://blog.livedoor.jp/yocymico660ca/

装丁………山田英春
イラスト………工藤六助
DTP制作………REN

言視BOOKS
アマチュア落語に挑戦する本！
独学なのに3ヶ月で1席できます

発行日❖2016年6月30日　初版第1刷

著者
室岡ヨシミコ

発行者
杉山尚次

発行所
株式会社言視舎
東京都千代田区富士見2-2-2 〒102-0071
電話03-3234-5997　FAX 03-3234-5957
http://www. s-pn. jp/

印刷・製本
モリモト印刷（株）

ISBN978-4-86565-054-9 C0376